中华精神家园

民风根源

礼仪之邦

古代礼制与礼仪文化

肖东发 主编 李正蕊 编著

中国出版集团

现代出版社

图书在版编目（CIP）数据

礼仪之邦 / 李正蕊编著. — 北京：现代出版社，
2014.9（2019.1重印）
ISBN 978-7-5143-2582-9

Ⅰ. ①礼… Ⅱ. ①李… Ⅲ. ①礼节－制度－介绍－中
国－古代 Ⅳ. ①K892.9

中国版本图书馆CIP数据核字(2014)第217297号

礼仪之邦：古代礼制与礼仪文化

主　　编：肖东发
作　　者：李正蕊
责任编辑：王敬一
出版发行：现代出版社
通信地址：北京市定安门外安华里504号
邮政编码：100011
电　　话：010-64267325 64245264（传真）
网　　址：www.1980xd.com
电子邮箱：xiandai@cnpitc.com.cn
印　　刷：汇昌印刷（天津）有限公司
开　　本：710mm×1000mm　1/16
印　　张：10
版　　次：2015年4月第1版　　2021年3月第4次印刷
书　　号：ISBN 978-7-5143-2582-9
定　　价：29.80元

党的十八大报告指出："文化是民族的血脉，是人民的精神家园。全面建成小康社会，实现中华民族伟大复兴，必须推动社会主义文化大发展大繁荣，兴起社会主义文化建设新高潮，提高国家文化软实力，发挥文化引领风尚、教育人民、服务社会、推动发展的作用。"

我国经过改革开放的历程，推进了民族振兴、国家富强、人民幸福的中国梦，推进了伟大复兴的历史进程。文化是立国之根，实现中国梦也是我国文化实现伟大复兴的过程，并最终体现为文化的发展繁荣。习近平指出，博大精深的中国优秀传统文化是我们在世界文化激荡中站稳脚跟的根基。中华文化源远流长，积淀着中华民族最深层的精神追求，代表着中华民族独特的精神标识，为中华民族生生不息、发展壮大提供了丰厚滋养。我们要认识中华文化的独特创造、价值理念、鲜明特色，增强文化自信和价值自信。

如今，我们正处在改革开放攻坚和经济发展的转型时期，面对世界各国形形色色的文化现象，面对各种眼花缭乱的现代传媒，我们要坚持文化自信，古为今用、洋为中用、推陈出新，有鉴别地加以对待，有扬弃地予以继承，传承和升华中华优秀传统文化，发展中国特色社会主义文化，增强国家文化软实力。

浩浩历史长河，熊熊文明薪火，中华文化源远流长，滚滚黄河、滔滔长江，是最直接的源头，这两大文化浪涛经过千百年冲刷洗礼和不断交流、融合以及沉淀，最终形成了求同存异、兼收并蓄的辉煌灿烂的中华文明，也是世界上唯一绵延不绝而从没中断的古老文化，并始终充满了生机与活力。

中华文化曾是东方文化摇篮，也是推动世界文明不断前行的动力之一。早在500年前，中华文化的四大发明催生了欧洲文艺复兴运动和地理大发现。中国四大发明先后传到西方，对于促进西方工业社会的形成和发展，曾起到了重要作用。

中华文化的力量，已经深深熔铸到我们的生命力、创造力和凝聚力中，是我们民族的基因。中华民族的精神，也已深深植根于绵延数千年的优秀文化传统之中，是我们的精神家园。

总之，中华文化博大精深，是中国各族人民五千年来创造、传承下来的物质文明和精神文明的总和，其内容包罗万象，浩若星汉，具有很强的文化纵深，蕴含丰富宝藏。我们要实现中华文化伟大复兴，首先要站在传统文化前沿，薪火相传，一脉相承，弘扬和发展五千年来优秀的、光明的、先进的、科学的、文明的和自豪的文化现象，融合古今中外一切文化精华，构建具有中国特色的现代民族文化，向世界和未来展示中华民族的文化力量、文化价值、文化形态与文化风采。

为此，在有关专家指导下，我们收集整理了大量古今资料和最新研究成果，特别编撰了本套大型书系。主要包括独具特色的语言文字、浩如烟海的文化典籍、名扬世界的科技工艺、异彩纷呈的文学艺术、充满智慧的中国哲学、完备而深刻的伦理道德、古风古韵的建筑遗存、深具内涵的自然名胜、悠久传承的历史文明，还有各具特色又相互交融的地域文化和民族文化等，充分显示了中华民族的厚重文化底蕴和强大民族凝聚力，具有极强的系统性、广博性和规模性。

本套书系的特点是全景展现，纵横捭阖，内容采取讲故事的方式进行叙述，语言通俗，明白晓畅，图文并茂，形象直观，古风古韵，格调高雅，具有很强的可读性、欣赏性、知识性和延伸性，能够让广大读者全面接触和感受中国文化的丰富内涵，增强中华儿女民族自尊心和文化自豪感，并能很好继承和弘扬中国文化，创造未来中国特色的先进民族文化。

　　　　　　　　　　　　　　　　　　　　　　　　　　　青东发

　　　　　　　　　　　　　　　　　　　　　　　　　2014年4月18日

文明古国——礼仪之邦

礼制之冠——五礼之吉礼

毕恭毕敬——五礼之凶礼

军中仪式——五礼之军礼

邦国外交——五礼之宾礼

亲和万民——五礼之嘉礼

礼仪之邦

中华民族源远流长，在5000年的历史长河中，创造了灿烂的文化，形成了高尚的道德准则、完整的礼仪规范和优秀的传统美德，被世人称为"文明古国，礼仪之邦"。

我国古代的"礼"是制度、规则和一种社会意识观念；"仪"是"礼"的具体表现形式，它是依据"礼"的规定和内容，形成的一套系统而完整的程序。

礼仪文明作为我国传统文化的一个重要组成部分，对社会历史发展起了广泛深远的影响，其内容十分丰富，所涉及的范围非常广泛，几乎渗透于古代社会的各个方面。

敬畏自然促成礼的形成

　　在原始社会时期，我们的祖先还处于原始群的时代，其生产力水平是非常低下的。在野兽横行、大自然天威莫测的生存环境中，人们只能利用极为简陋的生产工具进行原始的渔猎劳动以及粗放的农业耕作，吃了上顿无下顿的情况十分常见。

■古代农耕场景

　　同时，人们的智力水平也处在蒙昧的无知状态，对于喜怒无常、阴晴不定的大自然表现出惶惑不解，对于经常发生的各种兽患和自然灾害一无所知，对于流血等各种生理现象更是惊恐不安，如此便导致了他们对自然力等产生了愚昧的崇拜。

　　正是这种对大自然的惶惑和敬畏，促成了原始宗教的出现。太阳为什么会从东面升起又从西边落下？大地上为什么会既有高峻险峭的山岭又有奔流不息的大江大河？天空中为什么会风雨交加，电闪雷鸣？狮子、老虎等又为什么会吃人？人又为什么会生老病死？

　　所有的这些自然现象，在原始人简单的头脑中当然得不到科学的解释，于是他们便运用他们幼稚的思维，天真地构想了一种超自然的力量，那就是鬼神，认为正是鬼神的力量，方使得世界上有了太阳和月亮，大自然方才会花开花落，同样，人类社会的所有活动和现象，也都是在鬼神的主宰下才得以出现并进行的。

　　出于这么一种认识，人们当然就会得出这么一种结论：要想一生平安，就要求得鬼神的福佑；如果触犯了鬼神，就会有各种灾害降

祭祀 是华夏礼典的一部分，更是儒教礼仪中最重要的部分，礼有五经，莫重于祭，是以事神致福。祭祀对象分为三类：天神、地祇、人鬼。天神称祀，地祇称祭，宗庙称享。祭祀的法则详细记载于儒教圣经《周礼》、《礼记》中，并有《礼记正义》、《大学衍义补》等书进行解释。

临。要想趋吉避凶，就必须要讨好鬼神，鬼神满意了，才会为你消灾去祸。

但如何去讨好鬼神呢？鬼神虽说是无所不能，无所不在，但它并无固定的处所，也无具体的形象，怎么样才能使鬼神知道人们在讨好它呢？

人们苦思冥想的结果，便是赋予鬼神以人性，并采用祭祀的方法加以烧烤食物，冒出的烟气以供天神，向地上洒酒或洒血以供地神，敲击器物来召唤鬼神等来沟通鬼神与人间的联系。

对当时的原始人来说，威胁他们生存的最大问题是食物，于是他们设想鬼神也是喜欢食物的，在祭祀时就把最好的食物奉献给它们，以此达到使鬼神高兴而消灾免难的目的。在举行这种祈求神鬼的祭祀时，往往伴有十分隆重的仪式，这样，礼仪便随着原始宗教的盛行而萌芽了。

■ 古代祭拜鬼神的塑像

在古代礼学名著《礼记·礼运篇》中，对礼仪的起源曾有过一段描述：

夫礼之初，始诸饮食，其燔黍捭豚，尊而饮，蒉桴而土鼓，犹若可以致其敬于鬼神。

■ 古代祭祀用的鼓

这段话的意思是说：远古原始社会的人们在行礼时，先准备好酒和食物，再把黍米和屠宰后的小猪放在烧石上，点燃柴草烧石炙烤，再在地上挖出一个盛酒的坑，用手掬捧而饮，并用茅草捆扎成鼓槌，用土捏成鼓，敲打撞击，以此来表示对鬼神的崇敬。

从这段记述中，可以看到，原始社会时期的祭祀活动中，已经有了礼物，有了礼乐，还有了一些特定的仪式。可见礼仪确是从祭祀活动中诞生的。

另外，从文字的角度来看的话，甲骨文的"礼"的字形像是用器具托着两块玉奉献给鬼神，《说文解字》中也说：

礼，履也，所以事神致福也。

所有这些，都说明了礼和原始祭祀活动密不可分的关系。原始宗教是一种多神宗教，凡是使人们感到不可理解的事物，都是人们崇拜的对象。大自然中的

《礼记》 我国古代一部重要典章制度书籍，儒家经典著作之一。该书是西汉戴圣对秦汉以前各种礼仪著作加以辑录，编纂而成，共49篇。《礼记》大约是战国末年或秦汉之际儒家学者托名孔子答问的著作。

许多东西，如日月星辰，各类凶猛的动物，各种奇怪的植物，以及死去的列祖列宗，在原始人的眼中，往往都成了神灵的化身，成了人们的保护神。

后世礼仪制度内容，正是在原始礼仪基础上，根据祭祀对象的不同，分成处理人与神的关系、处理人与鬼的关系、处理人与人的关系三大方面，如荀子所言："礼有三本""天地者生之本"，人神关系；"先祖者类之本"，人鬼关系；"军师者治之本"，人人关系。有一段话说得更为清楚：

> 大概礼之起源于祀神，故其字后来从示，其后扩展而为对人，更其后扩展而为吉、凶、军、宾、嘉的各种仪制。

在这段话中揭示了礼之内容的增嬗，他指出在原始社会中先有祭祀神、鬼的礼仪，后来增加了处理人与人之间关系的礼仪，而最后则完备了规范人的各种社会行为的礼制规定。这同时也说明了原始社会祭祀神、鬼的礼仪，正是后世各种礼仪制度的源头。

阅读链接

在有关唐尧传说中，掌管天文的有羲仲、羲叔、和仲、和叔4人，被尧派往东、南、西、北四方，去观测昏中星，参照物候来定二分、二至的日子，以确定季节，安排历法。

最有名的传说见于《尚书·胤征》记载，当时发生日食，羲和是夏仲康王的天文官。因他沉湎于酒色而荒废了天象的观测和推算，而没有预测到，引起了恐慌。于是仲康王依据《政典》记载："先时者杀无赦，不及时者杀无赦"，命胤侯征伐并处决了羲和，这次日食是世界上人类第一次记载的日食。

人们出于对自然的崇拜，就将羲和作为日神进行祭祀，以求五谷丰登国泰民安，后来，就逐渐演变成了一种祭祀礼仪。

大禹铸九鼎和周公制礼乐

    传说尧在位时，曾经打算让位给自己的儿子丹朱，到了舜也有传位于子商均的想法，这些都反映了当时的人们已意识到首脑的权位是社会中最为丰足的私有财产，说明了把权力和地位当做私有财产的观念已相当普及，所以，到大禹时，竞逐首脑权位的斗争就已表露得十分激烈。

    但是启的继位，让世袭制取代了禅让制，而且这一制度的转换也得到了社会上绝大多数成员的赞同。这一演变过程及其结果，有力地反映了私有观念已深入人心并不

■大禹治水壁画

■ 禹定九州

启 也称"夏启"、
"帝启"、"夏后
启"、"夏王启",
他是禹的儿子,
是夏代第二任君
主。母亲是涂
山氏族女子。根
据《竹书纪年》,
帝夏启王在位39
年,78岁驾崩。
武则天改国号周
时,曾追尊启为
"齐圣皇帝"。

可动摇的历史情况。私有观念和私有制的出现,极大地动摇了原先人们之间平等、和谐的人际关系。各人所占有的私有财产的多寡,决定了各人在社会中地位的高低。

既然人和人之间不再平等,人和人之间的各种利益纷争也就随之而起,人和人之间的关系当然也就愈加错综复杂,这种情况就要求必须有一定的规范对人们的行为进行约束,以维护社会的稳定与发展。

这种规范就是礼仪,就是处理人和人之间关系的礼仪。故《管子》记载:

仓廪足然后知礼节。

这正概括地说明了规范人类行为的礼仪制度出现的原因。自此之后,礼仪和私有制就紧密联系在一起，并为统治阶层所利用，成为统治者维护统治的有力工具。

在古代文明尚处于萌芽状态的大禹时期，我们就已看到统治者对于礼仪的高度重视和刻意运用，一个典型的例证就是大禹铸九鼎。

鼎在古代是政治权力的象征，是统治者尊贵地位的象征。大禹铸造九鼎，其目的就是要标志自己尊贵的地位和崇高的权力，并保证其权位不受侵犯。

在夏启建立了古代历史上第一个奴隶制国家夏王朝之后，随着国家的产生和阶级关系的复杂化，为了保证奴隶主贵族统治的长治久安，迫切需要发明一整套确定人们身份等级以稳定阶级统治的制度。

这样，礼就被借用过来，并且其中心内容也由原始社会祭神习俗演变成调整人们社会关系的行为准则。正如《礼记·礼运篇》所说：

> 今大道既隐，天下为家，各亲其亲，各子其子，货力为己，大人世及以为礼，城郭沟池以为固，礼义以为纪，以正君臣，以笃父子，以睦兄弟，以和夫妇，以设制度。

■禹铸九鼎

奴隶制国家的各项制度都在礼的基础上被逐一制订出来。礼也从敬神敬祖的祭祀礼仪，开始走向维护宗法的礼制。世袭制度，即从夏启的"家天下"开始被纳入礼的内容。

到了夏商两代，礼制逐渐趋于完备而系统。在周公摄政的短短7年间，他不仅解决了许多威胁周政权统治的问题，而且还制礼作乐，把礼进一步制度化。

周公在古礼的基础上，建立起了一套以维护贵族等级为核心的礼制。在这套礼制下，统治阶级内部分成天子、诸侯、卿大夫、士四等等级。判定各个贵族人物等级高低的标准，是依据其与周王血缘关系的亲疏远近，亲者尊而疏者卑。

在这个森严的等级结构中，周天子居于最高的地位，享有最大的权力，他不仅是政治上的共主，而且是天下的大宗，任何人都不得违抗周天子的统治。这种等级结构又是世代承袭不变的，这一方面使社会的秩序处于一个超常稳定的系统当中，而且还肯定了周天子独尊的地位世代不变。

除此之外，周公还不遗余力地把礼制推广应用，

天子 顾名思义，天之嫡长子。在我国古代，封建君主认为王权为神所授，其命源于天，是对封建社会最高统治者的称呼。自称其权力出于神授，是秉承天意治理天下，故称帝王为天子，也自称为朕。朕代表皇帝的说法，出自秦国丞相李斯。他说："臣等昧死上尊号，王为泰皇。命为制，令为诏，天子自称曰朕。"

使之成为衡量社会生活中一切事物的准绳，并使之成为奴隶制社会中一切制度的基石和出发点。正如《礼记·曲礼上》中记载：

> 道德仁义，非礼不成；教训正俗，非礼不备；纷争辨讼，非礼不决；君臣上下、父子兄弟，非礼不定；官学事师，非礼不亲；班朝治军，莅官行法，非礼威严不行；祷词祭祀，供给鬼神，非礼不诚不庄。

这段话说明礼在道德修养、安家治国、沟通神人、社会交往中的重要作用，也说明了上层社会生活中的亲疏之定、嫌疑之决、同异之别、是非之争，都是以礼作为判定标准的。

也正是在周礼中，礼和乐紧密地结合在了一起。乐，就是音乐，在古代，它不仅是一种娱乐方式，

■周公制礼作乐

也是人们修身养性的一条重要途径。传统理论认为，音乐发乎心声，心哀则乐悲，心悦则乐和，反过来，音乐也会影响人的性情。因此，圣人制乐的目的，就是利用音乐的力量来感召人性从善，正如《通典·乐序》中说：

> 因乐以著教，其感人深乃移风俗，将欲闭其邪，正其颓。

另外，圣人制乐，也是利用音乐的力量来灌输礼教，使人们因乐之感而遵礼行仪。这样，乐就成为礼的重要组成部分，融合在各种礼仪活动之中。有一礼，必有一乐，乐和于礼，礼中有乐。

人们常用"礼崩乐坏"喻指世道衰颓，用"歌舞升平"喻指政治清明、天下安定，这也从一个侧面说明礼乐之间密不可分的关系。

礼乐寓治道，可以通过道德感召的力量来正人心、定风俗、别亲疏、序民人，故而以礼治国一直被认为是王道仁政的体现，受到历代绝大多数统治者的重视，共同组成了传统的两手统治策略。

阅读链接

孔子说："可与言而不与之言，失人；不可与言而与之言，失言。知者不失人，亦不失言。"说的就是语言在人们日常生活中的作用，是人们思想、情操和文化修养的一面镜子。

古人所谓"修辞立其诚，所以居业也"。将诚恳地修饰言辞看成是立业的根基，有一定的道理。并且要"言必信，行必果"。巧言令色的人，是不可能取信于人的。其次是慎言。古人说，上天生人，于舌头上下两排牙齿紧密围裹，又在外面包一层厚厚的嘴唇，就是要人们说话一定要谨慎。当然古人并不是要求人们少言语，而是说话要视具体情况，当说则说，当默则默。

儒家先贤记录"五礼"

春秋时期，奴隶制度全面动摇，奴隶社会森严的等级制度也全面崩溃，诸侯欺侮周天子，卿大夫侵陵诸侯，家臣控制卿大夫，整个奴隶社会清楚有序的等级阶梯轰然倒塌，维系这一等级阶梯的礼制也同时呈现出礼崩乐坏的局面。

社会的大动荡、大变革，使社会成员们的身份地位发生了交叉混淆，一部分原先的贵族破落成了平民，一部分平民则通过各种途径进入了上层社会。这样一种人员的对流，就引起了文化的对流，原先为贵族垄断的所谓"学在官府"的文化知识其中当然也包括礼仪，因之不断向下层流布，而这种社会文化大对流的

■孔子讲学图

汇聚点则在于私学。

圣人孔子是私学的倡导者和兴办者。孔子奉行"有教无类"的原则，向社会各阶层人士敞开学校的大门，只要你能交出10条干肉，就可入学，成为孔门弟子。

孔子前后收徒达3000人，得意门徒则有72人。在这72人中，我们看到，其中有农、商、武士、贵族，基本涵括了社会的各个层面。私学中传授的知识主要是六艺，即礼、乐、射、御、书、数，而其中礼、乐是最重要的内容。

■孟子画像

学校是当时社会上重要的习礼场所，著名的"孟母三迁"的故事就印证了这一点。孟子小的时候，家住在墓地边上，孟子就常常学着挖坑造墓，孟母见了，说："此地不适合我儿子住。"

孟母把家搬到了集市边，孟子又学着生意人的样子吆喝叫卖，孟母又说："此地也不适合我儿子住。"孟母把家搬到了学校边上，孟子就学着学生们的样子，在地上摆设土块当祭器，并模仿揖让进退的礼仪。

孟母于是十分高兴地说："这才是我儿子住的地方！"从此定居下来。

孟子长大后果然就成了一名精通礼乐的儒学大师。在孔子之后，墨子、孟子等教育大师，也无不收徒授课，弟子动辄数百人。

私学 指私人或民间团体出资兴办并管理的学校，近现代称为私立学校。与官学相对而言。以孔子、墨子为代表的一批新型知识分子就以新的办学形式，聚徒讲学，从而成为创办私学、传播学术文化的先驱。

正是由于私学的兴盛，也正是由于私学收徒不受社会身份等级高低等的限制，就使得以前的"礼不下庶人"的规定成为一纸具文，礼开始从庙堂之上向草泽底下流布。它不再是上层社会的专利，而成为全社会的共有财产，逐步深入社会生活的各个角落，并进而促成了全社会遵礼、守礼、重礼、行礼的良好风尚的养成。

经过孔孟弟子及其他一些儒学大师的努力，至战国时期，寄托着儒家礼乐王政的政治理想的3部礼学专著：《周礼》、《礼记》、《仪礼》成书并面世了。这些书不仅记载了周代礼仪制度的一些内容，而且还成为此后历代统治者制订礼仪制度的基本参照物，由此，它们并被尊为"礼经"。

按照"三礼"的说法，古代礼制的内容被归纳为五大方面，即吉礼、凶礼、军礼、宾礼和嘉礼。

吉礼是五礼之冠，主要是对天神、地祇、人鬼的祭祀典礼。主要内容有祭祀天神，包括昊天上帝。祭祀日月星辰，祭祀司中、司命、雨师。祭地祇、祭社稷、五帝、五岳。祭山林川泽，祭四方百物，也

古人入学礼

■古代问礼塑像

就是诸小神。祭人鬼，祭先王、先祖，禘祭先王、先祖；春祠、秋尝、享祭先王、先祖。

嘉礼是和合人际关系、沟通、联络感情的礼仪。嘉礼主要内容有饮食之礼，婚、冠之礼，宾射之礼，脤膰之礼和贺庆之礼。

宾礼是接待宾客之礼。军礼是师旅操演、征伐之礼。凶礼是哀悯吊唁忧患之礼。凶礼的内容有以丧礼哀死亡，以荒礼哀凶札，以吊礼哀祸灾，以吊礼哀围败，以恤礼哀寇乱。

此后历代封建王朝，制订礼仪，编写礼书，也都按照"五礼"的体例进行，它们组成了我国古代礼制的最重要内容。

阅读链接

礼仪性的乐舞是在重大的礼仪活动举行中使用的，如册立太子、纳后、元旦、冬至、朝会、宴会等，最重要的是用于祭祀。据说，最早发明乐器和弹奏音乐的是古圣人伏羲。黄帝时命伶伦造律，依凤凰之鸣分为十二音阶，于是就产生了古代最早的礼仪性乐舞《云门大卷》。尧时有《咸池》，舜时有《大韶》。

孔子自称其听过韶乐，大加赞赏，称其乐舞尽善尽美。禹时有《大夏》，商时有《大濩》，周时有《大武》。这都是古代著名的礼仪性乐舞。周时保存有完整的这六套乐舞，成为六乐，分别在重大的祭祀活动中使用。

五礼之吉礼

古老的中华民族源远流长，在5000年的历史长河中，创造了灿烂的文化，形成了高尚的道德准则和完整的礼仪规范，被世人称为"文明古国，礼仪之邦"。

我国古代的"礼"和"仪"，实际是两个不同的概念。"礼"是制度、规则和一种社会意识观念；"仪"是"礼"的具体表现形式，它是依据"礼"的规定和内容，形成的一套系统而完整的程序。

礼仪文明作为我国传统文化的重要组成部分，对社会历史发展起了深远影响，其内容丰富，几乎渗透于古代社会各个方面。

圜丘配祭成为祭天的礼仪

　　相传，天帝是古代神鬼体系中最为尊贵、最有威权的主宰神，其他的神鬼如风伯、雨师等只是它的臣工，人间的帝王也是上天的儿子，因此祀天之礼是古代最为隆重和庄严的典礼。

　　加之当时人们把天地未分、浑沌初起之状称"太极"，太极生两仪就划出了阴阳，分出了天地。古人把由众多星体组成的茫茫宇宙称为"天"，把立足其间赖以生存的田土称为"地"，由于日月等天体都是在周而复始、永无休止地运动，好似一个闭合的圆周无始无终。

■圜丘坛

■ 古代祭天场景

　　而大地却静悄悄地在那里承载着我们，恰如一个方形的物体静止稳定，于是"天圆地方"的概念便由此产生，并衍生出了圜丘这种祭天的场所。

　　圜丘，是一座圆形的祭坛。古人认为天圆地方，所以把祭天的处所做成圆形，以象征天的形象，所以，圜丘配祭就顺理成章成为祭祀天的一种礼仪。

　　在周礼中规定，圜丘建于国都南郊，于每年冬至之日在此举行祀天大典。

　　先秦时期，祀天礼就已成为祭祀中最隆重的礼仪。圜丘祀天礼在《周礼》中占有显要地位，体系完备，是《周礼》所载诸祭祀礼仪中最具代表性之礼。

　　《周礼》中所记载的圜丘祀天礼，也就是先秦时期文献中所说的郊天礼。周代天子举行祀天礼时并不一定在国郊，也不一定筑坛，只是择地势较高处祭祀。周代祀天时间的常制当在周历四月、夏历二月。周人祀天以后稷配天，以日为主神，以月为配。王即

　　衮服 简称"衮"，是古代皇帝及上公的礼服。与冕冠合称为"衮冕"，是古代最尊贵的礼服之一。是皇帝在祭天地、宗庙及正旦、冬至、圣节等重大庆典活动时穿用的礼服。我国传统的衮衣主要以龙、日、月、星辰、山、宗彝、藻、火、粉米、黼、黻十二章纹为饰，虽然释意不尽相同，但都具有美化王权的政治意义。

使遭遇丧事，对天神的祭祀也要如期举行。

圜丘祀天礼所涉饮食器及食物数量种类众多。盛食的鼎有正鼎和陪鼎之分，镬除在祀天时烹煮牲体外，还要实水以洗涤牲肉及供王盥洗之用，俎是祀天时陈置牲体的食具，和鼎一样是盛装煮熟的牲体。

周代祀天时用正鼎九、陪鼎三，用镬与俎的数量与正鼎数相同。在《周礼》中豆为礼器，是豆、笾、登的通名。笾、豆形制相同，只是材质不同。祀天礼所用为26个豆，笾数当与豆数同。

簋是古时装盛黍稷稻粱等主食的器具，西周中期以后，簋是以鼎为核心的食器使用制度中与鼎搭配的重要礼器，祀天所用的鼎簋组配制度为九鼎八簋。饮酒器的使用以爵为主，祀天时所用一升之爵为献爵，献爵所实为齐酒。

祀天中礼神时所用为苍璧，燔柴祀神之时所用为四圭有邸，一祭之中兼用圭璧。所用乐器主要是钟、磬、鼓。出土周代编钟中，是以甬钟、镈钟和纽钟3类编钟为主体。编钟多以8件或9件为一套组合式出现。磬是一种石制板体击奏体鸣乐器，是由生产工具演化而来。

鼓是最早产生的乐器之一，和钟有着同样重要的地位。周代规定乐器用四面排列的宫悬，编钟可以单独称"肆"，与磬无关，每肆16件。

在圜丘祀天之前，有着一系列的前期准备工作要做。首先是天子亲自在藉田中服冕穿朱纮，举行耕种仪式。第一次省牲，即选牲，对于合乎要求的牺牲要交由允人，系之于牢而加以饲养3个月。第二次省牲时，对系养3个月的牺牲再一次进行全面彻底检查。

其二是告庙卜，祀天用牺牲的数量、毛色、大小、牝牡、是否阉割等，都需用卜筮来决定。龟卜时所用的燋，指燃烧不灭以待用的火种。凿龟甲用的器物叫"契"，即"楚焞"，与燋都是指灼龟时所用的薪材。

其三是誓戒择士斋戒，太宰掌百官之誓戒，时间是前期10日。卜吉就要斋戒，天子在泽宫中以射择士。

其四是戒具陈设省视，太宰亲视，宰夫省视涤濯，大宗伯帅诸执事视涤濯，莅玉鬯，省牲镬，小宗伯及肆师佐之，充人省视祀天之牲，肆师助之。

大宗伯在祀天之日总管其事，负责监督检查各官是否尽职，肆师佐大宗伯小宗伯省视。最后是天子于祀天之晨，皮弁朝服听小宗伯关于祭祀用品准备情况的汇报，然后服大裘参加祭祀。

■祀天礼用的食器——簋

祭天台

圜丘祀天礼正祭之前的燔柴，升烟不用牲，在实柴时用牲，用玉当用一小圭。祀天升气之后为荐血，荐血时只杀一牲而且不肢解，即全烝而荐。在荐血、荐腥之后，牲体肢解为7块体，但所燔者只是其中一体。之后复有实柴之礼，在7块体中取其贵者加于柴上而燔燎。

在天子、皇尸、牺牲出入之际，均作为金奏之乐以示迎送。迎尸时奏降神之乐，尸食饭时演奏钟鼓以为侑食。在荐豆笾等祭品之时奏乐歌诗，使行礼者合于乐节，符合威仪。在馈熟前后合乐兴舞，以娱天神。祀天所用之尸即配帝之尸，也就是后稷之尸，扮演后稷之尸的人是"三公"。

祀天中迎尸工作主要由大祝和小祝负责，小祝迎尸浇水为尸盥洗，大祝令奏钟鼓之乐，引领尸出入祭坛，明其起坐，并助尸行礼。

降神仪节结束后，天子下坛迎牲升坛，大宰等跟随其后，佐助天子执币牵牲。在大宰、大司徒等佐天子迎牲的过程中，由封人"歌舞牲"。牺牲升坛后，天子要向神行"告杀"之礼。在名义上，牛、羊、豕诸牲都是作为主祭者天子象征性地以弓矢射杀。

祀天礼中体现出周人"天神崇拜"的观念。周王明确宣称自己是天之长子，这很可能是在立国之后刻意模仿商王"帝立子生商"之说，为君王增加宗法凝聚力和宗教敬畏感。

冬至日这天，周天子在大清早就得早早起身，率百官来到南郊。周天子身穿大裘，内着衮服，头戴旒冕，腰插大圭，手持镇圭，面西

礼仪之邦

古代礼制与礼仪文化

而立。

　　然后鼓乐齐鸣，通知天帝临坛受祭。接着，天子牵着献给天帝享用的牺牲牛、猪、羊，称为"太牢"，将之宰杀，和其他祭品如玉圭、缯帛等一齐堆放在柴垛上，天子亲自点燃柴垛，让烟气升腾于天，使天帝闻嗅其味，这即"燔燎"，也称"祀"。

　　接下来，由活人装扮成天帝化身的"尸"登上圜丘，代表天帝接受祭享。先向尸敬献牺牲的鲜血，再依次进献5种酒，称为"五齐"。献酒过程中再穿插献上全牲、大羹肉汁、羹加盐的菜汁、黍稷等，尸也用3种酒答谢祭献者，称为"酢"。这些程序完成后，天子与舞队同舞"云门之舞"，以答谢天帝。

　　最后，与祭者分享祭祀用的酒醴，并由尸赐福于天子，称为"嘏"，后世也叫作"饮福"。祭祀用过

玉圭　古玉器名。古代帝王、诸侯朝聘、祭祀、丧葬时所用的玉制礼器。为瑞信之物。长条形，上尖下方，也称"珪"。形制大小，因爵位及用途不同而异。有大圭、镇圭、桓圭、信圭、躬圭、谷璧、蒲璧、四圭、裸圭之别。

■ 祭祀场景

《隋书》《隋书》是我国最早的隋史专著，也是《二十五史》中修史水平较高的史籍之一。共85卷，其中帝纪5卷，列传50卷，志30卷。本书由多人共同编撰，分为两阶段成书，从草创到全部修完共历时35年。《隋书》保存了南北朝以来大量的典章制度，为后人研究隋代以及前几朝的政治、经济、文化制度，保留了丰富的资料。

的牲肉，因为沾有天帝的恩泽，也由周天子郑重其事地将之分赐给宗室臣下，称为"赐胙"。

周礼的这一套祭天程式，为后世所继承，程式中变化较大的，是用神主取代了活人装扮的尸。

南北朝时期郊祀制度也有一些变革。少数民族政权祭天虽采汉制，但常有民族传统礼仪掺入。

梁代南北郊祭天地社稷、宗庙，都不用牺牲，而用果蔬，据《隋书·礼仪志》记载：

> 无益至诚，有累冥道。

圜丘坛外建造屋宇，作为更衣、憩息之所。旧制全用临时性的帷帐，南齐武帝在483年开始用瓦屋。隋唐时期的圜丘制度与东汉时期相似，隋代将祭祀昊天上帝、日、月、皇地祇、神州社稷、宗庙定为大祀，祭星辰、五祀、四望等定为中祀，祭司命、司中、风

■古代少数民族的祭天活动

师、雨师、山川等定为小祀。唐代祀天一年4次。

宋代圜丘合祀天地后，要在皇城门楼上举行特赦仪式，赦免囚徒，改日，要到景灵宫祖宗神像前行"恭谢礼"。

元代初期有蒙古民族的拜天礼，元宪宗蒙哥时曾在日月山拜天，而且合祭昊天后土。元世祖忽必烈至元代才在大都丽正门东南建祭天台。成宗大德时建圜丘，南郊祀天。

明代圜丘祀天的礼制有所变化。朱元璋1377年，在南郊建大祀殿，以圆形大屋覆盖于祭坛之上，于此合祀天地，祭祀的时间定于每年的孟春正月。

嘉靖皇帝即位后，认为合祭天地不合古礼，便于1530年，在大祀殿之南另建圜丘，单独祀天。圜丘后改称"天坛"，坛分上下3层，每层拦板望柱和台阶的数目均为天数，即9或9的倍数。祭祀的时间仍恢复为冬至。

清代沿袭明制，我们见到的北京天坛古建筑群，就是乾隆皇帝时

■天坛圜丘

在明制基础上改修而成的。它包括4组建筑，祭天的圜丘，祈求丰收的祈年殿，皇帝斋宿的斋宫等。清人祭天除采用汉制外，还保留了本民族入关前"谒庙"之礼，入关后改称"祭堂子"。

这些建筑以圜丘、祈年殿为主体，前者在南，后者在北，中以大道相连，道宽约30米，长360米，构成了天坛的主轴线，天坛周围广种柏树，构成了一种肃穆宁静的氛围。

阅读链接

在汉高祖时期，祭祀天地主要交由祠官来负责。武帝初年，行"三年一郊"之礼，即第一年祭天，第二年祭地，第三年祭五方帝，每3年轮一遍。

公元前32年，汉成帝刘骜在长安城外昆明故渠之南建圜丘。第二年春天，正月上辛日祭天，同祭五方上帝，这是汉代南郊祭天之始。后汉在洛阳城南建圜丘，坛分上下两层，上层为天地之位，下层分设五帝之位，坛外有两重围墙。

敬畏天地而形成五帝之礼

那是在春秋初期的秦国，秦襄公作为周天子的诸侯居于西陲，因西方为少皞之神所主，便作为西畤即祭坛，祭白帝。后来，随着秦代国力增强，又先后建造了祭祀青帝的密畤，祭祀黄帝的上畤，祭祀炎帝的下畤。

《礼记·月令》将一年四季与五人帝、五人神、五方相配，在立春、立夏、立秋、立冬之日，有迎气祭五帝的礼仪。五帝之祭各依方位与颜色，就连祭器、祭品也要与之相对应。

■古代帝王庙

其实在战国时期，受阴阳五行学说和方士造神运动的影响，原本为人祖的炎帝同黄帝等就被一起演化为天神，成为五方帝之一，成

■古代帝王庙

为时祭、郊祭的对象之一。据《周礼·春官·小宗伯》所记载：

小宗伯之职，掌建国之神位，右社稷，左宗庙。兆五帝于四郊，四望四类亦如之。

至战国中期，邹衍在阴阳五行说的基础上创立了五德终始说。邹衍认为木克土、金克木、火克金、水克火、土克水，王朝更替是五行相胜的产物。《吕氏春秋》"十二纪"中把五帝与五行、四时相配，其《孟夏纪》、《仲夏纪》、《季夏纪》中皆言"其日丙丁。其帝炎帝。其神祝融。"《礼记·月令》中也有类似说法。

《孔子家语·五帝》也记载：

昔丘也闻诸老聃曰：天有五行，水火金木土，分时化育，以成万物，是神谓之五帝。古之王者，易代而改号，取法五行，五行更王，终始相生，亦像其义。故其为明王者，死而配五行，是以太皞配木、炎帝配火、黄帝配土、少皞配金、颛顼配水。

清楚地说明了五帝的由来，并将炎帝等远古人物送上了神坛，作为天帝受到祭祀。

秦始皇统一了中国之后，保留了之前对四時的祭祀，每次用驹4匹，木偶栾车一驷，木偶车马一驷，各按方位变更颜色，瘗埋为祭，不用俎豆等祭品。公元前205年，又增建北時，祭祀黑帝。

汉文帝时，在渭阳修建了五帝庙，由皇帝亲祭，这是五帝的正祭。五時迎气之祭，都在郊外举行，所以也称为"五郊"。西汉平帝元始时，已有迎气之礼。东汉重定礼制，后代基本沿用：

　　立春之日，迎春于东郊，祭青帝句芒；
立夏之日，迎夏于南郊，祭赤帝祝融；立秋
前十八日，迎黄灵于邑旁中央之地，祭黄帝
后土；立秋之日，迎秋于西郊，祭白帝蓐
收；立冬之日，迎冬于北郊，祭黑帝玄冥，
这是皇家迎气之礼。地方郡县只行迎春礼。

后来，又有在城外塑造青色土牛两头，并且还塑

■祭祀神坛

节令 节气时令，指某个节气的气候和物候。在各地方会把一部分的节令当作节日来过，也会因为民族差异把不同的节令当作节日来过。

有耕夫、犁具的习俗，迎春礼也就在青牛旁举行。后世年画常有"春牛图"，即源于此。

宋代之前，很多皇帝都祭祀五方帝。赵匡胤黄袍加身之后，就沿袭唐朝的礼制和祭祀的传统，照样祭祀五方帝。大概是因为五方帝主管天下四季的变换，只有尊重他们，敬重他们，才能顺应四季，顺应自然，天下才能五谷丰登，四野才能丰赡富庶，皇帝也才能得到子民的跪拜和敬重。

五方帝分别是青帝、赤帝、黄帝、白帝、黑帝。和五方帝对应的是5个节令和节气，分别是立春、立夏、季夏、立秋、立冬。在某一个节令来临的时候，就相对应的祭祀五方帝中间的一个。以祈求五方帝中间的某一个，在自己对应的节令里，尽职尽责，风调雨顺。

宋代的祭祀五方帝是非常严格的，也是非常神圣的。在立春之前，在郊外建立青帝之坛。在祭祀之前，皇帝要换上庄严的礼服衮服。皇帝还要带上尊贵的礼帽，帽子的前后要加上玉串。这样的带玉串的皇帝礼帽，叫"冕旒"。

立春祭祀的时候，要在青帝之坛摆上羊和猪等祭品。太昊氏作为配祀，勾芒

■ 五方五帝壁画

氏、七宿作为从祀。立春祭祀，不但皇帝在京城参加，各地的官员也会在自己的属地，举行相应的祭祀。

河南内乡曾经有过立春在地上挖一个深坑，摆放一根柔软的羽毛，立春时节，阳气上升，羽毛飞出土坑，就开始唱3天大戏。这个习俗，大概就是地方祭祀青帝仪式的一部分。

立夏的前一天，在郊外筑赤帝之坛。皇帝穿着和立春祭祀青帝时相同的衣服，戴相同的帽子，在祭坛上摆放相同的祭品。神农氏作为立夏的配祀，祝融氏、三辰、七宿作为从祀。

■ 祭祀供品

夏天是耕种和生长的季节，在夏季，还要祭祀黄帝。就是天气再热，皇帝还是要穿衮服，加冕旒，以示对黄帝的尊重，也以示对于生长季节的尊重。季夏祭祀的黄帝，不是我们平常所说的黄帝战蚩尤的那个黄帝，而是一个纯属季节的黄帝。而黄帝氏仅仅是一个配祀，后土、镇星是从祀。

立秋过后，中原就迎来了白露为霜的日子。宋代国都在开封，立秋祭祀白帝很是隆重。白帝主管收成和丰赡，在郊外筑的白帝之坛，就是皇帝在祭坛上摆放的祭品也要比春祭夏祭丰盛。人收成了也让白帝收成，就是当时包括皇帝在内的人们的朴素观念。祭祀

冕旒 古代大夫以上的礼冠。因为顶有延，前有旒，所以叫作"冕旒"。天子之冕十二旒，诸侯九，上大夫七，下大夫五。

■ 黄帝陵庙宇

白帝的时候，帝少昊氏为配祀，蓐收、太白、七宿为从祀。

立冬祭祀黑帝，礼仪如常。对于五方帝的祭祀，反映了农业文明漫长的历史进程中，皇帝也不得不折服于自然和天地的无奈心态，也反映出皇帝对于大自然的崇拜和敬畏。

阅读链接

南郊赤帝是五方上帝之一，是我国传说中的上古帝王炎帝。因以火德王，故称"炎帝"。继女娲后为天下共主，传说是农耕和医药的发明者，又创造五弦瑟，开始蜡祭和市场。自他以后古代进入农耕社会。

历史传说中，炎帝是一位伟大的人物，是他开发了华夏的原始农业，是农耕文化的创始人。传说他创造木制耒耜，教民耕种，提高农作物的产量。传说他遍尝百草，为人医病，是华夏中草药的第一位发现者和利用者。不仅如此，还传说他利用火为人类造福，制造乐器，倡导物质交换……总之，炎帝在历史传说中是与农、工、商、医、文等各领域的发明创造分不开的一位神祇，因而一直受到历朝历代的炎黄子孙的无比敬仰和祭祀。

泰山上昭告天下的封禅礼

公元前219年，也就是雄才大略的秦始皇灭六国，一统天下之后的第三年，秦始皇东巡郡县，召集齐、鲁的儒生博士70余人到泰山下，商议封禅的典礼，以表明自己当上皇帝是受命于天的。

儒生们的议论各不相同，难于施行。于是他绌退所有的儒生，借用原来秦国祭祀雍上帝的礼封泰山、禅梁父，刻石颂秦德。颂辞称：

皇帝临位，作制明法，臣下修饬。二十有六年，初并天

泰山封禅的浮雕

阴阳 源自古代中国人民的自然观。古人观察到自然界中各种对立又相联的大自然现象，如天地、日月、昼夜、寒暑、男女、上下等，以哲学的思想方式，归纳出"阴阳"的概念。早至春秋时代的易传以及老子的道德经都有提到阴阳。阴阳理论已经渗透到中国传统文化的方方面面，包括宗教、哲学、历法、中医、书法、建筑、堪舆、占卜等。

■封禅大典浮雕

下，罔不宾服。亲巡远方黎民，登兹泰山，周览东极。从臣思迹，本原事业，只颂功德。治道运行，诸产得宜，皆有法式……

都是称颂自己的功德。刻石是四面环刻，颂辞刻了三面。

在古代的政治制度中，封禅可说是最盛大，其起源或可追溯到新石器时代先民筑坛祭祀的习俗，是非常悠远的。封禅的起源多与当时社会的生产力和人们对自然现象的认识有很大的联系，人们对自然界的各种现象不能准确地把握，因此产生原始崇拜，特别是在恐惧的状态下，对日月山川、风雨雷电更是敬畏有加，于是"祭天告地"也就应运而生，从最开始的郊野之祭，逐渐发展到对名山大川的祭祀，而对名山大

■ 封禅祭祀场景

川的祭祀则以"泰山封禅"最具代表。

其实，封禅是古代统治者举行的一种祭祀天地的礼仪。封为祭天，禅是祭地，它专指在泰山进行的祭祀天地的活动。为什么封禅必须到泰山呢？

古人认为，泰山是五岳中的东岳，东方主生，是万物之始，是阴阳交替的地方，所以理所当然就成了新王朝、新帝王向天地神报成功、以取得合法统治地位的最佳场所。同时泰山又是五岳之冠，称为"岱宗"，泰山顶上离天最近，所以要在泰山顶上行封，泰山脚下行禅。

在封与禅中，古人又认为天为阳、地为阴，天高于地，所以封的仪式也重于禅。行禅的地方历代并不完全一致，虽然都在泰山附近，但有的在云云山，有的在肃然山等，然而最主要的是在梁父山，故有"封泰山、禅梁父"的说法。只有帝王才有资格封禅。

管仲（前725年—前645年），被称"管子"、"管夷吾"、"管敬仲"。春秋时期齐国的政治家，哲学家，军事家，周穆王的后代。为齐国上卿，有"春秋第一相"之誉，辅佐齐桓公成为春秋时期第一霸主，所以又说"管夷吾举于士"。

■汉武帝封禅场景

《史记·封禅书》中曾经记载有春秋时期齐相管仲论封禅一段话，说齐桓公称霸后想行封禅之祀，管仲反对，认为古代封泰山、禅梁父的有72代帝王，著名的有无怀氏、伏羲、神农氏、炎帝、黄帝、颛顼、帝喾、尧、舜、禹、汤、周成王12个，都是受命之后才举行封禅仪式的。他们那时候封禅，有嘉禾生出，凤凰来仪，种种祥瑞不召而至。桓公自知没这么大的福气，只好放弃了封禅的妄想。

西汉中叶，随着汉王朝在政治、经济领域的封建中央集权日益加强，汉代至尊的天帝神确立了之后，汉武帝决定按古礼举行封禅。但是，这封禅的礼仪，儒生与方士说的各不相同。汉武帝便问古礼究竟怎么样，谁也说不出个所以然。汉武帝索性自定用祭太一神的礼仪。

公元前110年，汉武帝先到梁父山行禅礼祭地，然后到泰山下东方设坛，举行一次封礼祭天。下埋玉牒书之后，汉武帝与少数大臣登上泰山之巅，举行了第二次的封礼。

武帝封禅，祭天采用祭太一神之礼，设坛3层，四周为青、赤、白、黑、黄五帝坛，杀白鹿、白牦牛等作祭品，用江淮一带所产的一茅三脊草为神籍，以五色土益杂封，满山放置奇兽珍禽，以示祥瑞。

汉武帝则身穿黄色衣服，在庄严的音乐声中跪拜行礼。为了纪念这次封禅典礼，武帝还特改年号为"元封"。

关于封禅的条件，西汉太史公在《史记·封禅书》中明确给出了帝王封禅所必需的条件：即太平盛世或天降祥瑞，帝王在当政期间，只要具备两者任何一个条件即可封禅。

封禅仪式在中岳嵩山和东岳泰山中都曾举行过，但以泰山的次数多且影响大而出名，自秦皇开始，至宋真宗止，共有6位帝10次封禅泰山。有秦始皇统一六国，建立大一统的封建国家，封禅泰山；汉武帝雄才大略，扫除边患，封禅泰山。

有唐高宗率文武百官、扈从仪仗，武后率内外命妇，封禅车乘连绵数百里，云集泰山下，举行封禅大典，封禅结束后在朝觐坛接受群臣朝贺，下诏立"登封"、"降禅"、"朝觐"3碑。

唐玄宗开元盛世，国力昌盛，封禅泰山，而且一改封禅诰文秘而不传的规则。宋真宗封禅泰山，上演了一幕"天书从天而降"的故事。从明代开始，朱元璋取消了泰山的封号，此后，明清两代将原来的封禅改为了祭祀。

阅读链接

唐高宗封禅是在665年10月，高宗率文武百官、扈从仪仗，武后率内外命妇，封禅车乘连绵数百里，随行的还有突厥、于阗、波斯、天竺国、倭国、新罗、百济、高丽等国的使节和酋长。12月云集泰山下，派人在山下南方四里处建圆丘状祀坛，上面装饰五色土，号"封祀坛"；在山顶筑坛，咸亨"登封坛"；在社首山筑八角方坛，称"降禅坛"。

第二年的2月，高宗首先在山下"封祀坛"祀天；次日登岱顶，封玉策于"登封坛"；第三日到社首山"降禅坛"祭地神，高宗行初献礼毕，武后升坛亚献。封禅结束后在朝坛接受群臣朝贺下诏立"登封"、"降禅"、"朝觐"三碑。

祭日月星辰和山川的礼仪

那是在汉武帝时，经过刘彻的励精图治，7年之后国泰民安，他也祈盼国富民强。于是在太一坛合祭日月，天刚破晓，汉武帝即步出用竹子建成的祠宫，向东方拜揖行礼，夜晚再向西方拜揖行礼，这就是"朝日"和"夕月"之礼。

■汉武帝铜像

太阳和月亮，是人间的光明之源，古人称太阳为"大明之神"，月亮为"夜明之神"，它们也是古人祭祀的重要神。春分之朝，祭日于东郊，秋分之夕，祭月于西郊，除了这两天的日月正祭之外，举行其他祭祀典礼如祀天地、祈年等，也多以日月从祀。魏晋南北朝

■黄帝祭月的月坛

时，正式确定了春分朝日，秋分夕月的礼仪，将合祭日月改为日月分祭。

明代初期在南京专门营建了日月祭坛，迁都北京后，仍沿南京旧制，在北京朝阳门外建日坛，在阜成门外建月坛，日坛西向，月坛东向，皆为一层方台。

从明代开始，规定每逢天干为甲、丙、戊、庚、壬之年，皇帝亲自到日坛祭日，其余年份则由文臣代祭。每逢地支为丑、辰、未、戌之年，皇帝亲自到月坛祭月，其余年份则由武臣代祀。这一制度一直沿用至清代。

星辰之祭主要是五星、二十八宿。五星指东方岁星，南方荧惑，西方太白，北方辰星，中央镇填星。二十八宿指东方苍龙七宿：角、亢、氐、房、心、尾、箕；北方玄武七宿：斗、牛、女、虚、危、室、壁；西方白虎七宿：奎、娄、胃、昴、毕、觜、参；

天干 "辞源"里说，"干支"取义于树木的"干枝"。天干地支组成形成了古代的历法纪年。在民俗学上认为天干对应一些预兆。十天干为甲、乙、丙、丁、戊、己、庚、辛、壬、癸。

除此之外，其他与祀的星辰还司命、司民、司禄、寿星、风伯、云神等。对日月星辰的祭祀，虽然总体上是一种迷信活动，具有巩固封建统治的政治意义，但也体现了古人对于人生的一些积极要求。

如祭祀司中，是为了免除灾咎，祭祀寿星，是为了祈求长寿，祭祀风雨雷电，是为了祈求风调雨顺，五谷丰登。这些祭祀活动在一定程度上也表达了人民希望过上安宁富足生活的美好愿望。

远古时已有对土地的崇拜，大地生长五谷，养育万物，犹如慈爱的母亲，因此有"父天而母地"的说法。古文献记载土地神是"社"，祭礼叫"宜"。在殷商甲骨文里已有对社土的祭祀，还有大量的祭祀山岳河流的记录，主要目的是祈求农作物的丰收。

地神，称为"地坻"，又称"地祇"。"社"，

040
礼仪之邦
古代礼制与礼仪文化

■祭祀风神雨神

■ 祭祀地神的祭台

通常是主某一片土地之神。所以，《礼记·王制》有"天子祭天地，诸侯祭社稷"的说法。

另外，阴阳家说，地中央曰昆仑，统辖四方大九州岛；神州是九州岛之一，下又分小九州岛。汉代经学家也有分地神为昆仑之神与神州之神的说法。因此，自古以来就普遍流传有对土地的崇拜。

由此，祭地之礼和祀天之礼一样，也成为古代祭祀礼仪中一个极为重要的部分。古代礼仪中祭地的正祭，是方丘祭地，即在每年的夏至于国都北郊水泽之中的方丘上举行的祭典。

为什么要在水泽之中的方形祭坛上祭地？这也有个说法，古人以为，地属阴，阴属于北方之性。古人又认为，天圆地方，大地之外为四海环抱，故以方丘象征地，以四周环绕的水泽象征四海。

祭地的礼仪与祭天基本相似，所不同的是由于天在上，故用燔燎之礼，而地在下则用瘗埋之礼。所谓瘗埋，即是在祭祀时在地上挖一坑穴，将牺牲等祭品

九州 我国的别称之一。古代将全国划分为9个区域，即所谓的"九州"。根据《尚书·禹贡》的记载，九州分别是：徐州、冀州、兖州、青州、扬州、荆州、梁州、雍州和豫州。

埋入地中，供地享用。

周代祭地的正祭，是每年夏至之日在国都北郊水泽之中的方丘上举行的祭典。祭地礼仪与祭天大致相近，但不用燔燎而用瘗埋，即祭后挖坎穴将牺牲等祭品埋入土中。祭地用的牺牲取黝黑之色，用玉为黄琮，黄色象土，琮为方形象地。

明代嘉靖帝在建圜丘的时候，又在北京安定门外择地建了方丘坛，即地坛，以祭皇地。另还建有皇地室，收藏有皇地及从祀诸神的木主。清代沿用明制，我们看到的地坛，即是明清时期遗物，有皇地室、神库、斋宫等建筑。

祭地礼仪还有四望山川、祭土神、谷神、社稷等。文学家陈寿祺说：

■古代祭祀官塑像

陈寿祺（1771年—1834年），字恭甫、介祥、苇仁，号左海、梅修，晚号隐屏山人，福建侯官人，清代文学家。1799年进士，1809年充会试同考官，父母殁后不出仕，主讲鳌峰、清源书院多年，有《左海全集》。

> 山川之祭，周礼四望，鲁礼三望。其余诸侯祀竟内山川，盖无定数，山川之大者，莫如五岳、四渎。

至山川之境而祭之，称为"祭"，远望而祭之，称为"望"。望祭的正祭是在都城的四郊举行，四郊各封土设坛，登坛以祭相应方位的山川。

武则天时期，开始把山川名胜加上人间官爵。唐代封五岳为王，西岳华山为金天王，东岳泰山为天齐王，中岳嵩山为中天王，南岳衡山为司天王，北岳恒山为安天王。封四渎为公，河渎为灵源公，济渎为清源公，江渎为广源公，淮渎为长源公。

宋代名山大川的封号又升一级，五岳皆为帝号，并配有帝后，四渎、四海等均封为王。明代朱元璋特在京城设山川坛，以望祭四方山川。

朱元璋废除了山川的帝王名号，以山川本名称呼其神，如东岳泰山之神、西渎大河之神等。嘉靖时改山川坛为天地神坛，望祭天下山川。

清代初期以山川海渎配享方泽之祭，又在天坛之西另建地坛，兼祀名山大川。另外，还派遣使者，到各地祭祀五岳、四渎等。

明堂，《礼记·月令》说它是季秋之月大享天帝的地方，大享是报答天帝的恩佑，把收获的新谷及牲

武则天（624年—705年），我国历史上唯一一个正统的女皇帝，也是即位年龄最大、寿命最长的皇帝之一。唐中宗复辟，恢复唐代，上尊号"则天大圣皇帝"，后遵武氏遗命改称"则天大圣皇后"，以皇后身份入葬乾陵，716年改谥号为则天皇后，749年加谥则天顺圣皇后。

■地坛祭地场景

■明堂式建筑天坛

畜进献给天帝。

汉代始建明堂的是武帝。王莽在长安城南建造了明堂、辟雍等。这个建筑遗址已经发掘，它比较集中地反映了西汉末年，礼学家对明堂的认识。由于对明堂制度争议太大，南北朝时期明堂祭祀就各行其是了。而隋代直至灭亡，都没有就明堂的构建搞出个结果来。

唐代武则天掌权后，在东都洛阳毁乾元殿兴建明堂，是一个三层的圆亭形建筑，后改称"万象神宫"，多次在这里举行祭祀典礼。

明代初期无明堂之制，季秋大享礼在南郊大祀殿举行。嘉靖时始议明堂之礼，先将原来的道士之宫元极宝殿作为明堂，行大享之礼。

清代初期沿用明代制，并以祖宗配祀，认为合祀之礼即是明堂制度。1751年，祈年殿专行祈谷之礼。把两种祀典区别开来，改正了对明堂的认识。

阅读链接

在古代，基于自然崇拜，人们开始祭祀山川等神灵，并随之建造起了大量祭祀这些神灵的庙宇。

我国从古代起就崇拜天、地、山、川等自然物并设庙奉祀，如后土庙。最著名的是奉祀五岳，也就是泰山、华山、衡山、恒山、嵩山的神庙，其中泰山的岱庙规模最大。还有大量源于各种宗教和民间习俗的祭祀建筑，如城隍庙、土地庙、龙王庙、财神庙等。

国家象征的社稷祭祀之礼

　　相传句龙是共工的儿子，共工氏族是世代的水正，发洪水的时候，句龙就让人们到高地土丘上去住，没有高地就挖土堆丘，土丘的规模是每丘住25户，称之为"社"，句龙死后，被奉为土神，也叫"社神"，为了纪念他就专门建造了房屋祭祀，称之为"后土"。

■社神塑像

■ 后稷塑像

烈山氏的儿子柱做夏的稷正，就是主管农业的官职，在其死后，被奉为农神，也叫"五谷神"。

稷原是周民族的始祖后稷，在西周时期被尊为五谷之长，与社并祭，合称"社稷"。根据《周礼·考工记》中的记载，社稷坛设于王宫之右，与设于王宫之左的宗庙相对应，前者代表土地，后者代表血缘，同为国家的象征。

《礼记·曲礼下》记载说："国君死社稷。"就是国君与国家共存亡的意思。社稷是土神和谷神的合称，社是土神，名为后土，稷是谷神，从商代以后，以始为农耕的周人之祖后稷为稷神。

我国古代是一个农业国家，而农业生产又与土地有着密切的关系，农以土为本，民以食为天，土地和粮食关涉到国家的安危，因此社稷也就成为国家的代称和象征。

社稷既是国家的象征，对社稷的祭祀当然也就显得特别重要。祭祀社稷的活动在社稷坛上举行。社稷坛的位置，据礼制规定，"左宗庙，右社稷"，即社稷坛与宗庙，分别建在王宫前的右、左两侧。社稷坛上铺设五色土，代表五方，象征着国家的所有领土。

君主在分封诸侯时，便按诸侯封地所在的方位，取一撮相应方向的色土赐给该诸侯，受封诸侯要将此土置于封地的社稷坛中，象征着它是统一国家中的一个组成部分。祭祀社稷神目的是祈求五谷丰登，因此有"春祈秋报"的古礼。

春祈在社日仲春之月吉日举行，也就是在春天耕种之前，祈求社稷神的保佑；秋报在孟冬之月吉日举行，也就是在秋天收获之后，报谢社稷神的恩德。春祈秋报，就是社稷的正祭。

周代祭祀社稷的活动是十分隆重而热烈的，祭祀时要敲击一种名叫"灵鼓"的六面鼓，同时还要跳一种舞蹈，即由领舞者手持一柄系有五色缯的舞具而领众共舞。

祭祀时还要高唱乐歌，《诗经》中的"载芟"，就是春祈社稷时演唱的歌曲，"良"是秋报时演唱的乐歌。这种活动，深刻体现了古人对于乡土、国土的深厚感情。

正是出于这种感情，古人对社稷的祭祀并不仅仅局限于春祈秋报，它还与保卫国土的行为有很大的关系。军队出征、校阅以及献俘等军事活动，都要在社稷坛前举行。直至清代，这一习俗依然沿用。

■祭祀时跳的舞

■祭祀神农

当然，一旦土地全部丧失，国家也就必然沦亡，而社稷也就要变置。所以古代新旧王朝的更替，必然引起社稷的"迁社"，新王朝要另立社稷，而旧王朝的社稷或则毁弃，或则其社稷神位被终年封闭在阴暗的屋中，让其不受天阳，得不到生机。以社稷为国家的象征的意义，于此便表现得非常强烈。

刘邦曾在丰县枌榆社祈祷。乃是乡里之社。汉代国家立有太社、太稷，各县立有"公社"，每年春二月及腊月两次祭祀。平帝元始时，王莽言官社之外，应有官稷，以夏禹配食官社，后稷配食官稷。后汉时期合祭社稷。495年，在洛阳建太社稷，方坛，用五色土，每年二月、八月及腊月一年三祠。

唐代将"籍田坛"看做是帝社，武后改为"先农坛"，祭祀神农。唐以后，社稷坛制度逐渐稳定下来。天子太社，用五色土，社主用石条制作。只有元代社坛不用五色土，全用黄土。

明太祖又将社、稷合为一坛，建制与前朝社坛相同，但社主只微露其尖，另用木制神牌，分建大社、太稷神位。明永乐后及清代，社稷坛都在北京紫禁城端门之右，每年春、秋两季仲月上戊日举行祭祀，由皇帝亲祭。地方府、州、县各有社、稷，也在同时祭祀，由地方官主祭。

明清时期的社稷坛所在的地方在后来的北京中山公园。社稷坛身呈方形，坛分三层，用汉白玉砌成，坛上依东、南、西、北、中5个方位，分别填置青、红、白、黑、黄五种颜色的泥土，坛外墙用四色琉璃砖砌成，上覆四色琉璃瓦，其颜色与五色土的四方完全一致。

坛北有一座木结构大殿，这便是拜殿，是当时举行祭祀社稷活动的地方。不过，在古代，祭祀社稷并不仅仅是君王的事情，各个阶层都有祭社活动。《礼记·祭法》记载：

> 王为群姓立社，曰太社；王自为立社，曰王社；诸侯为百姓立社，曰国社；诸侯自为立社，曰侯社；大夫以下，成群立社，曰置社。

太社是最高等级的社，铺五色土，受封诸侯之社，设受赐的一色

中山公园社稷坛

■社稷坛上的五色土

土，再下一级的社，则只能用本地的泥土。大夫以下成群立社，使得民间逐步形成以祭社活动为中心的居民社会组织，这种组织称为社。

立社不仅要封土为坛，而且要种植当地所宜的树种，称为"社树"。每一社都有一定的规模，在祭社这一天，全社的人都要停止一切工作，参加祭祀，吃社饭、蒸社糕、做社饼、喝社酒、食社肉，歌舞娱乐，热闹非凡，这就慢慢演变成民间一个重大的节日。

这种社日的热闹景况，唐宋时期许多诗人的笔下都可以领略到。但宋元时期以后，社日活动逐步衰落，而民间的社稷坛最后则演变成了破落的土地庙或土谷祠。

阅读链接

通常情况下，在社坛上都会树立着一个象征神位的"主"，或称"田主"。这都是有历史缘由的，相传，远古氏族各有崇拜的树木，即所谓的"社树"，夏后氏用松树，殷人用柏树，周人用栗树。后来规定各地用当地具有代表性的树木做"社主"。继而演变成一块木制的牌位。也有一些地方，一些时候采用石制的"社主"。

代代传承的宗庙祭祀之礼

宗庙的设置，与宗法制度密切相关。古人认为，人死而为鬼，没有宗庙供奉享祀，鬼便没有归宿，宗庙正是祖先的亡灵寄居之所。

在殷商甲骨文中，对祖先的祭祀已有较完整的制度。后代宗庙祭祀所沿用的制度，基本上还是周代的礼制。

周人的宗庙制度，一般认为天子七庙，三昭三穆，与太祖之庙合而为七。所谓的昭、穆，是指宗庙中位次的排列，自始祖以下，父曰

■殷墟宫殿宗庙遗址

■宗庙大祭

刘歆 字子骏，汉高祖刘邦四弟楚元王刘交五世孙，宗正刘向之子。是中国儒学史上的一个重要人物。公元前6年改名刘秀。西汉后期的著名学者，古文经学的真正开创者。在校勘学、天文历法学、史学、诗等方面都堪称大家，他编制的《三统历谱》被认为是世界上最早的天文年历的雏形。

昭，子曰穆，按照世次排列下去。

汉代经学家刘歆认为，周人宗庙自始祖稷以下有文王、武王两宗没有列入七庙的数目中，他们的庙称"世室"，因此实为九庙。不过，对于渐渐远去的"亲尽"之庙，礼仪规定有"毁庙"制度。

即除始祖之外，不在"七庙"之数的远祖的宗庙平时都不再加以祭祀，神主移入"祧庙"内，藏在石函或专设的房间里，每当袷祭时才拿出来。袷祭就是合祭，把远近祖先的神主集中在一起进行总祭，3年一祭。

古时的宗庙，天子、诸侯皆建于中门的左侧，大夫则左庙而右寝。宗庙的四周有墙垣，又称为"都宫"。都宫之内，诸庙都南向，昭庙在左，穆庙在右，依世排次。

祭祀时要卜筮选尸。尸是死去的先祖的代表。尸一般由孙辈小儿充任，祭男用男尸，祭女用女尸，也有祭夫妇共一尸，以妇人袝从于其夫的。

庙中的神主，木制，为长方体。通常用桑、栗等木制作，平时放在"祐"中。"祐"是收藏神主的石函。祭祀时才拿来。

后代木主演变为神位版。宗庙祭祀用的鼎、彝、尊、瓠等礼器，都是国家重宝。"宗彝"成为国家的象征，必须妥为保藏，所谓祭器不逾境。

"迁鼎"，即国家的祭器被迁走了，表示一个国家被灭亡了。对于一个家庭来说，祭器也至为重要。祭祀使用鼎、彝礼器有一定之规。用于祭祀的牺牲与物品，都有代称，祭祀时不得直呼其名。

周人宗庙祭享之礼，先有修除、择士、卜日、斋戒等准备工作。祭日入庙后，先到太室行裸礼，用圭瓒酌了一种叫"郁鬯"的香酒灌地，使香气到达地下，以告知鬼神降临受祭。祭祀用的食物，行礼后要分而食之，称为"馂"，是食鬼神之余的意思。

天子、诸侯宗庙的正祭，春曰祠，夏曰礿，秋曰尝，冬曰烝，在四季的孟月举行，加上腊祭，每岁共5祀。祫祭是在太祖之庙合祭祖先。当3年之丧毕，先祖神主将迁出一辈，这时举行祫祭。次年举行禘祭。

禘祭是三五年一次的大祭。正祭之外，又有"荐新"之祭，即按照时令节序，将当令的新鲜果蔬品物

礼器 我国古代贵族在举行祭祀、宴飨、征伐及丧葬等礼仪活动中使用的器物。是用来表明使用者的身份、等级与权力。礼器是在原始社会晚期随着氏族贵族的出现而产生的。如在山西襄汾陶寺遗址的龙山文化大墓中，出土有彩绘龙盘及鼍鼓，在良渚文化的一些大墓中，出土有玉琮、玉璧等。

■ 宗庙祭祀用的鼎

腊月　农历十二月为"腊月"。这种称谓与自然季候并没太多的关系，而主要是以岁时之祭祀有关。所谓"腊"，本为岁终的祭名，不论是打猎后以禽兽祭祖，还是因新旧之交而祀神灵，反正都是要搞祭祀活动，所以腊月是个"祭祀之月"。

节度使　古代官名。唐代初期沿北周及隋代旧制，重要地区置总管统兵，改称"都督"，边州别置经略使，有屯田州置营田使。唐代开始设立的地方军政长官。因受职之时，朝廷赐以旌节，故称节度使。

■ 始皇庙

奉于宗庙。宗庙祭祀拜祖先，郊祀拜天拜神，以及臣拜君，子拜父，学生拜老师，新婚夫妇拜天地、拜父母，都行稽首礼。

秦代遵用天子七庙制度，宗庙在雍城、咸阳一带。秦始皇死后，始皇庙为帝者祖庙。

汉代初期于长安立宗庙，但当时各诸侯王国也都立有祖宗之庙，直至元帝时才下令废去。汉高祖死后，有每月出游高祖衣冠的礼仪，在高庙之外又别建"原庙"，收藏高祖衣冠、车驾。宗庙之外，汉代帝王陵墓旁都建有寝殿，仿其生前起居闲宴之所。这一制度为后代沿用。

西汉末期，赤眉军攻克长安，焚毁汉家宫殿宗庙。光武帝徙都洛阳后，将西汉帝王12陵合入高庙。刘秀死后，明帝为他立了世祖庙。明帝临终遗诏，不准为他建立寝庙。他死后，庙主藏于世祖庙别室内。

其后，古礼为之一变，独立的昭穆之庙变为"同堂异室"之制，即在一庙之内依世次别为若干室加以祭享。宗庙正祭为四季孟月及腊月，后代基本上沿袭了东汉时期制度。

北宋时期起，宗庙祭祀时挂有先祖的"御容"，

即画像，而后又有塑像、金像等。1082年，建景灵宫11座殿，将原在各寺观供奉的祖先的"神御"，全都迎入宫中。并合以帝后画像，按时荐享祭奠。

■宗庙祭祀

景灵宫后来不断扩建，至北宋末年已有斋宫廊庑2300余区，历朝文臣执政官、武臣节度使以上都绘有图像陪祀。

辽、金制度与宋代相似。清代盛京，以沈阳太庙为四祖庙，祭祀始祖泽王以下四先祖。北京太庙仍在紫禁城端门左侧，前殿供奉太祖太后神龛，中殿供奉列圣列后，后殿供奉祧庙神龛，两庑东侧为诸王，西侧为功臣。每年的清明、除夕、诞辰、忌辰、中元及四季孟月祭祀，每月则有荐新之祭。除夕为祫祭，将后殿、中殿神主全部移入前殿，皇帝亲率皇子、亲王行三跪九叩之礼。

阅读链接

在金都衍庆宫中，有金太祖的画像12幅之多，包括立像、坐像、戎装像、半身像等。元代供奉先祖的宫殿"神御殿"，也称"影堂"，画像由"纹绮局"织锦而成。祭仪采用汉代制，但仍由蒙古巫祝致辞。武宗至大时，宗庙神主曾改用纯金制作。

明代初期有南、北两庙。1534年，南京太庙因火灾被毁，便不再恢复，只将遗址筑墙封闭。北京太庙在紫禁城端门之左，嘉靖时曾改用古制，分立9座庙。刚刚建好就被一场大火烧毁8座，只好仍旧采用同堂异室庙制。

祭祀先圣先师的尊师之礼

古代的学校，是普及礼仪教育的基本场所。奴隶社会中，学校的教育内容是所谓"六艺"，即礼、乐、射、御、书、数。礼乐教育是当时学校教育的主要内容。

西汉时期，学校以儒家经书教育学生，有《尚书》、《诗经》、《礼记》、《周易》、《春秋》等，礼仪教育也是其中的重要内容。

唐代时又规定，学生除了要学习儒家经典外，还要专门学习吉、凶二礼。明代也规定地方学校中的学生除学习儒经外，还要加学封建律令、皇帝诰令，特别要加学冠、婚、丧、祭之礼。

历代的这些规定，都说明了礼仪教育一直是古代学校中最为重要的教学内容。

■古代礼乐

另外，学校不仅是习礼的场所，其校内管理也完全是根据礼仪制度的规定而进行的，学校有其自身的礼仪。古代学校的以礼治校，以礼教学，对

■古代祭祀孔子图

传统礼仪的普及和传播起了重大的作用，故而历代皆把学校列入《礼志》中，学校礼仪制度也就成为吉礼中的一大内容。

释奠礼是以酒食祭奠先师先圣的礼仪。释奠礼既是学校的一项典礼，实则也是学校的一项经常性的制度。所谓先师先圣，历代人选有所不同。汉魏之时通常是以周公为先圣，孔子为先师。

唐代时则确定以孔子为先圣，颜回为先师。唐玄宗时期除祭祀孔颜外，又增加了左丘明等22位贤人，并且还为列位先贤排定了座次。

座次以孔子居中，两边排列有"十哲"，即颜回、闵子骞、冉伯牛、冉仲弓、宰子我、端木子贡、冉子有、仲子路、言子游、卜子夏十大弟子。后来，颜回地位提高，附祭于孔子，乃升曾参以充十哲之位。曾参附祭之后，再升颛孙子张为十哲。

宋代，又以子思和孟轲附祭孔、颜等。再后来，进一步扩充十哲为"十二哲"，把有若和宋代人朱熹列于其中。

孔颜 是孔子与其弟子颜渊的并称。颜回，曹姓，颜氏，名回。春秋末鲁国都城人。字子渊，亦颜渊，孔子最得意弟子，极富学问。颜回一生没有做过官，也没有留下传世之作，他的只言片语，收集在《论语》等书中，其思想与孔子的思想基本是一致的。后世尊其为"复圣"。

■祭孔模型

朱熹（1130年—1200年），字元晦、一字仲晦，号晦庵、晦翁、考亭先生、云谷老人、沧洲病叟、遯翁。汉族，祖籍南宋江南东路徽州府婺源县人，出生于南剑州尤溪。南宋著名理学家、思想家、哲学家、教育家、诗人，闽学派代表人物，世称朱子，是孔子、孟子以来最杰出弘扬儒学的大师。

在学校祭祀的这些贤哲中，很明显孔子和颜回的地位是最高的，故而历代释奠实际是祭孔。

祭孔始于汉高祖时，后来，孔子的地位被越提越高。汉平帝谥孔子为"褒成宣尼公"，唐宋时期孔子已升为王爵，号称"大成至圣文宣王"，明世宗嘉靖时虽然孔子的地位一度有所降低，称为"至圣先师"，但清代，孔子的地位又迅速恢复，称为"大成至圣文宣先师"。

释奠祭孔的典礼至为隆重。其释奠的时间和地点因时代不同而有所差别。最初的时候，是依校设祭，用牛、羊、猪三牲即太牢供奉先师先圣。北朝北齐时期，在太学中建立了宣尼庙，规定每年的仲春二月和仲秋八月行释奠祭孔之礼，祭祀时要设轩悬之乐、用六佾之舞。

另外，每月初一，由国子祭酒率博士以下教官和国子学学生入堂行礼，跪拜孔子，向颜回则行揖礼，助教以下及大学生则于堂前阶下行礼。各地的州学也都建立了孔、颜之庙，教官及学生也要每月行礼。

　　唐代的释奠礼更为完备，规定一年分为春夏秋冬四季释奠，唐玄宗后改为春秋两季释奠。国子学在举行释奠时，除教官和学生外，朝中文武官员、僧道百姓也都前往参加。其典礼由国子祭酒代表皇帝主持，设宫悬之乐，并供奉牲牢。

　　献祭之时，以国子祭酒为初献，司业为亚献，博士为终献。州学亦仿国子学，以牲牢奉祭，以州的最高长官刺史为祭主，主持典礼，并以刺史作初献，州中上佐为亚献，博士为终献。县学以酒、脯供奉，县令主持，并作献祭时之初献，县丞为亚献，主簿与县尉为终献。

　　清代的祭孔规格也很高，在释奠时要奠帛、读祝文、三献奠爵，并行三跪九叩之礼。雍正时还为孔子择定生辰，定以八月二十七为孔子诞辰日，全体军民都要斋戒一日。

　　除春秋或四季释奠外，在学校初建落成时，也要举行释奠之礼。历代皇帝也常有参加释奠之举。古代

■祭孔大典

祭孔大典

对释奠礼的高度重视及常行不辍，既表达了遵循先圣先师教诲，以礼义教化民众之意，也说明了古代社会对于教育的重视。

释菜礼也是古代学校中的一种常行礼仪，又称为"合采"、"择菜"，指的是用菜蔬祭奠先师，并表示从师学艺的一种礼仪，用于始立学堂或学子入学之时。释菜礼的施行，既是对刚入学的学子进行的入学教育，又是尊师重教传统美德的一种发扬。

束，是10条干肉，它本是古人交往时相互馈赠的礼物之一，后来因学生入学时也要向教师交束以作为见面礼，作为支付给教师的酬金之一，故而以束代指入学拜师。

《论语·述而》即只要交纳束，就可以进入孔门，接受老夫子的训诲教育了。相沿下来，束就逐步演变成一种拜师时的固定的礼仪制度。束是拜师之礼，但历代拜师的礼物并不限于10条干肉。

《文献通考》记载，公元75年规定：所有学生皆须以束之礼礼于师，国子学和太学的学生纳绢3匹，4门学纳绢两匹，俊士及律、书、算学、州学、县学的学生纳绢一匹，另外还需备有酒脯。

行束礼时有特定的礼仪规定。唐代，学生要穿上青衿学服，携束来到学校。学生恭立于校门之外，老师则立于学堂的台阶之上，并派人出询学生的来由。

学生要情辞恳切地表明自己拜师求学的愿望，老师要再三谦称自己无才无德，不能收徒，否则将误人前程。学生需再次以坚决的态度申明自己拜师求学的决心，并请求老师将自己收归门下。

老师见学生求学之志坚定，自己也实在无法推辞，只得请学生进入校门。老师走下台阶后，学生即向老师行跪拜之礼，老师回拜。学生取出束，敬请老师收下。老师收礼之后，师生关系就确定下来，然后学生拜谢退出。

这种初入学门，即受礼教的做法，对于在当时青年中弘扬尊师重教的意识和树立师尊为上的礼仪，无疑是大有裨益的。不仅普通人家的子弟在求学时要恭恭敬敬地行束之礼，即连贵为储君的皇太子也不能例外。唐代《开元礼》记载：

> 皇太子求学之初，也要改着学生青衿，
> 至校门外求见师尊，拜答如仪，方才退出。

束之礼的普遍施行，反映了古代是一个以尊师为荣的文明国度，体现了中华民族尊师重教的崇高风尚。尊师，在我国有着悠久的传统，《国语·晋语》中说："父生之，师教之，君食之。"

人之所以明白事理，通晓世情，皆是由于有师教育之故，教师的地位与君、父并列。古代尊师敬师蔚

太子 又称皇储，储君或皇太子，是我国封建王朝中皇位的继承人。唐朝时太子的地位仅次于皇帝本人，并且拥有自己的、类似于朝廷的东宫。东宫的官员配置完全仿照朝廷的制度，还拥有一支类似于皇帝禁军的私人卫队"太子诸率"。

■古代讲学图

成风气。学生在平时要像侍奉父亲一样来侍奉老师，在老师死后还要为老师服3年丧，并有照顾老师家庭遗属的义务。

清代，盛京建有孔庙。定都北京后，以京师国子监为太学，立文庙，称孔子"大成至圣文宣先师"。祀礼规格又升为上祀，奠帛、读祝文、三献奠爵，行三跪九拜之礼。

1726年8月27日定为孔子诞辰，全体官民军士斋戒一日。在孔子故里，春、秋祭祀与太学相同，其庙制、祭器、乐器及礼仪，也都以北京太学为准式。

祭孔礼仪在文庙举行。唐玄宗又为姜太公师尚父立武庙，肃宗又追封姜太公为武成王。其祭祀礼仪与祭孔类似。至明代初期，由于明太祖的反对，武成庙才被废止。

在历史上，各个时代或地区的吉礼是有差异的，这种差异跟社会与文化的发展演变有着密切的关系。

阅读链接

古人尊师敬师的事例不胜枚举，东汉时期名儒桓荣是汉明帝刘庄的老师。刘庄即位为帝后，对老师处处都十分尊敬，桓荣已是80多岁的老人了，明帝还不肯让他退休，以便随时向老师求教。

一次，明帝召集了百官和桓荣的弟子数百人，敬请桓荣坐在贵宾席上，并当众向桓荣捧书求教。

当时有的学生为拍皇帝马屁，向明帝请教经书中的疑难问题，明帝马上谦逊地说："老师在这里，怎么轮到我来释疑解惑呢？"

桓荣病重之后，明帝亲去看望，刚到桓家巷口就下车步行。桓荣病死之后，明帝换上孝服，亲自临丧送葬。这些都表示了贵为九五之尊的明帝对授业恩师的尊敬之情。

五礼之凶礼

凶礼是古代五礼之一，指用于吊慰家国忧患方面的礼仪活动。包括丧葬礼、荒礼、吊礼、恤礼、裕礼等。后多特指丧葬、持服、谥号等礼仪。

在这些丧俗之下保留了大量的古代文明和丰富的历史史料，这为我们认识历史、探索古代社会的渊源提供了线索，对于古代传统文化也有大量的历史遗存，对我们在历史、社会、民族等方面的探索研究提供了大量的史实。

丧葬中的招魂和入棺之礼

■纳西族神路图

在古代的云南纳西族的习俗里，每家都悬挂着一个存放家庭成员灵魂的竹篓，姑娘出嫁到婆家，要进行灵魂从娘家转接入婆家的巫术仪式，只有这样才表示新人真的到了婆家，在当地的观念里该仪式甚至比转户口还重要。

当有人去世时，则要为其举行招魂仪式，这时招魂的目的不再是让灵魂返回肉体，而是指引灵魂返回祖先居住的地方，这才是真正意义上的叶落归根。

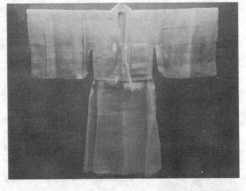

■ 古代的丧服

为此，纳西族东巴专门绘有"神路图"，上面写着本族迁徙路上经过的地名，这些地名达一两百个，招魂时东巴要面朝死者灵柩，倒退着边走边按顺序依次高声念。

古人临终之前，皆移居于正寝，家属守在床边，提着病危之人的手足，给其脱掉内衣，换上新衣，然后"属纩以俟绝气"。

纩是一种质地很轻的新丝棉絮，用来放在弥留者的口鼻上，以察验是否还有呼吸，此即称为"属纩"。由此即有把临终之人称为"属纩"的说法。

一旦验明已经死亡，环伺在一边的亲属等立即开始痛哭，涕泪交下。临终之人根据其身份的不同，其死亡也有各种不同的叫法，《礼记·曲礼》中记载：

天子死曰崩，诸侯曰薨，大夫曰卒，士曰不禄，庶人曰死。

等级森严的古代礼制不放过任何一个人，哪怕是死人，都得按其等级享有不同的待遇。

人之初死，不能立即治丧，要马上为之招魂，希望发生奇迹，让他再活过来，此即称为"复"。复，就是为死者招魂的仪式，由活着的人拿着死者的上

《曲礼》 一本古书，是组成《礼记》的一部分。曲为细小的杂事。礼为行为的准则规范。"曲礼"是指具体细小的礼仪规范。可以分为《曲礼上》和《曲礼下》两部分。

《周礼》 儒家经典，西周时期的著名政治家、思想家、文学家、军事家周公旦所著，融合道、法、阴阳等家思想。《周礼》所涉及之内容极为丰富，各种名物、典章、制度，无所不包，堪称为上古文化史之宝库。

衣，一手执领，一手执腰，登上屋顶，面向幽冥世界所在的北方，拉长声音高喊死者的名字，如此重复3次，希望死者的灵魂回来。

然后，把死者的上衣卷起来投到屋下，另一人接过衣服，赶快覆盖到死者的尸体上，希望其复活。这一仪式，表示亲属不忍死者死去，为挽留其生命所做的最后一次努力。死者复而不醒，然后才能开始办理丧事。

沐浴死者的亲属脱去华美艳色的衣裳，易服着素，开始居丧。先为死者沐浴，整理仪容。沐，是洗头，浴，是洗身，所用的水是烧热的洗米水，擦洗的布是细葛巾。沐浴后为死者修剪头发、胡须、趾甲等，使其仪容整洁，表示质本洁来还洁去的意思。

殓是丧葬之礼当中的入棺之礼，有着一定的严格标准。小殓死者死后的第二天早晨，正式穿上入棺的寿衣，称为"小殓"。小殓的时候，房中陈列着所有的殓衣，堂下陈列着各种馈食，一面为死者入殓，一

■丧葬用品

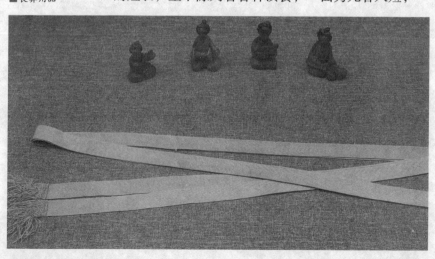

■丝缕玉衣

边向死者祭奠。

　　死者的亲属要抚尸擗踊，即捶胸顿足地痛哭，表示极度的哀伤。为死者着装之后，要用衾被裹尸。

　　衾被有严格的标准，周礼规定，国君用锦衾，大夫用缟衾白色细绢，士用缁衾黑色布。唐代，皇帝饭粱含玉，三品以上官饭粱含璧，四五品官饭稷含碧，六品以下饭粱含贝。明代则五品以上饭稷含珠，九品以上饭粱含小珠，庶人饭粱含钱。

　　饭含是入殓时的一种丧仪。饭是在死者口中放入米、贝等食物，含是在死者口中放入珠、玉等物。饭含的目的一是防止死者无饭可食，变成饿鬼；二是用珠玉等物保护尸体。饭含之物也因各人身份的尊卑不同而有区别。关于饭，《周礼》规定："君用粱，大夫用稷，士用稻。"此外，据《礼记》记载：

　　　　　　天子饭九贝，诸侯七，大夫五，士三。

　　关于含，天子以珠，诸侯以玉，大夫以玑，士以贝，庶人含谷

孝子 《礼记》这样定义"孝"："祭称孝子、孝孙，丧称哀子、哀孙。"父亲或母亲刚去世的时候，非常哀痛，哭得上气不接下气，称作"哀子"；过了一段时间，哀痛慢慢减轻了，停止了哭泣，这时再祭奠去世的父亲或母亲，称作"孝子"。因此，"孝子"是祭奠的时候才使用的称谓。

实。清代则规定一二品官用绛色衾，三四品官用黑色衾，五品官用青色衾，六品官用深青透红的绀色衾，七品官用灰色衾。到了夜晚，要通宵点燃烛火。

时代不同，死者的饭含之物也不完全一致，但有一点是共同的：越是权贵，其饭含之物就越是贵重。如慈禧太后，口中竟含着一颗夜明珠，据说此珠分开时则透明无光，合拢时则发出绿光，可在百步之内照见头发。

大殓指入棺仪式，在小殓次日举行。大殓时，也要陈衣陈馔，如小殓一样，然后抬入棺木，孝子孝妇擗踊痛哭，在棺内铺席置衾，奉尸入棺，盖棺之后，擗踊如初。接着进行祭奠，宾客向死者行礼，孝子答拜，孝妇在帷内痛哭。

■古代女子守灵塑像

宾客走了之后，孝子孝妇再次哭踊。棺是盛放死者的葬具，最初的棺是陶制的，商代以后才用木棺。不同社会地位的人，在棺木的数量和材质上，有很严格的区别。

周制中规定，天子五棺二椁，诸侯四棺一椁或三棺二椁，大夫二棺一椁，士一棺一椁。天子所用之棺，最外一层称"大棺"，第二层称"属"，皆用梓木制作，故又统称"梓宫"，第三层棺称"或"，用椴木制作，第四五层是用水牛皮和犀牛皮制成的革棺。

■古代棺椁

此外，棺木的大小尺寸、油漆颜色、花纹图样、装饰用料等也都不一样。在棺的外面，间隔一定的距离，再加上一个套棺，称为椁。君之椁用松木制作，大夫椁用柏，士用杂木椁。

这种等级差异明显的棺椁制度，后世在一定程度上还在沿用，如明代规定，官员之棺用油杉朱漆，椁用土杉，庶人棺用坚木，无椁，漆用黑漆、金漆，不得用朱红。

阅读链接

在《论语·子罕》中记载：孔子看见穿丧服、戴礼帽穿礼服的人和盲人，即使这些人年轻，孔子必定站起来。行过别人面前时，一定快步走过，以示敬意。

古人敬人的方法，也有值得借鉴的地方。首先要尊重他人的意愿，体谅别人的需要和禁忌，不能强人所难。不苛求别人做不能做的事，不强求别人接受不喜欢的东西。古人说："不责人所不及，不强人所不能，不苦人所不好"、"己所不欲，勿施于人"，就是这个意思。在与人交往中，幽默与善意的玩笑往往给人带来轻松愉快，但决不可戏弄取乐。

隆重的停棺和下葬之礼

　　殡是古代丧葬之礼当中的停棺之礼。众所周知，盛放死者遗体的棺木称"柩"，停柩待葬的一段时间，称为"殡"。大殓礼毕，殡期就开始，最初的这一段时间称为"既殡"。

■古代墓葬

■古代墓葬

死者的灵柩停于家中堂屋之西，西在古代是客位，意思即是像对待宾客一般来对待死者，故称为"殡"。殡礼的时间一般都较长，周代规定，天子停殡7个月，诸侯5个月，大夫3个月，士1个月。

让死者灵柩停放家中，表示亲人不愿离去的意思，表达了生者对死者的眷恋之情。对于周天子和各国诸侯而言，还有将其灵柩殡于宗庙的做法。如春秋时期五霸之一的晋文公死后，即停殡于晋国宗庙。

后代的帝王大多停殡于宫中殿堂，将停殡之所称为"殡宫"、"灵堂"等，由皇子、皇后、嫔妃以及文武百官等轮流守灵，直至下葬为止。古代帝王们的殡期虽然在礼制上有明文规定，但出于各种原因，也有一些超越时间规定的事例。

如周文王死后，周武王久久不愿将其贤明的父王入葬，为之治3年之丧，以表自己的哀思。又如春秋初期周桓王死后，已经东迁洛邑的周王室十分贫穷，它的许多土地和民人等都被诸侯侵占，王室衰微，实在拿不出所需的丧葬费用，只得四处向诸侯们乞讨，一连讨了9年，好不容易才凑足了费用，致使桓王在死了9年之后，才能入土为安。

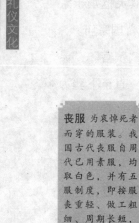

■ 古代棺椁

丧服 为哀悼死者
而穿的服装。我
国古代丧服自周
代已用素服，均
取白色，并有五
服制度，即按服
丧重轻、做工粗
细、周期长短，
分为5等，即斩衰、
齐衰、大功、小功、
缌麻。

迁柩既殡之后，死者的亲属要按他们与死者血缘
关系的亲疏远近，穿上不同等级的丧服，此称"成
服"。成服后到下葬前，孝子孝妇每天一早一晚都要
在殡所哭奠，称为"朝夕哭"、"朝夕奠"。

在下葬前两天的晚上，还要在灵柩前做最后一次
哭奠，称为"既夕哭"。下葬的前一天，用灵车载着
灵柩，迁入祖庙停放。灵柩迁入祖庙后，再次进行祭
奠，称为"祖奠"。

对于帝王或高级官员，还要于此时行赠谥之礼。
谥，是谥号，谥号是根据死者生前的事迹，给予的总
结性评定，即人们常说的"盖棺论定"。

出殡，即送灵柩前往葬地，这是古代丧礼的高
潮。启殡之前，先要对着灵柩诵读随葬品清单，然后
再次进行祭奠。这些仪式完成后，才能发车出殡。

出殡在最早的时候又称为"发引"。发引的礼仪

是白衣执绋。白衣，指所有参加出殡的人都要身着白色素衣。绋，是牵拉枢车的绳子。周礼规定，天子之枢车用六绋，执绋者1000人，诸侯四绋，执绋者500人，大夫二绋，执绋者300人。

送葬途中，送葬者还要唱挽歌。这一仪式至清代演变得更为烦琐，规模惊人。清代皇帝死后，先由32人抬的小舆将灵枢移出殡宫，换成80人抬的大舆移出城门，再换成128人抬的大舆，移往陵园。

在前往陵墓的途中，每天由30班轮换抬棺。送葬的队伍人数众多，前后长达10多里。灵枢所经之处，所有人等一律跪拜迎送。灵枢进入陵园后，先安放在献殿，祭祀之后，才能落葬。

葬是丧葬之礼当中的下葬之礼。也就是说当灵车到达墓地后，抬下灵枢，再行祭奠，然后将灵枢放入墓坑中，称为"窆"，又叫作"封"。亲属按男东女西肃立两旁，棺木安置好之后，孝子等哭踊。再放入各种随葬品，加上覆盖，筑土成坟，亲属等拜奠。

墓室的格局仿照现实生活中的宫室房屋，按前堂后室进行布置。墓室的前半部分相当于堂，用来安放供桌和各种随葬品，后半部分相

■古代墓葬

■秦始皇陵园墓碑

当于寝室，用来安放棺木。

帝王贵戚与普通百姓的墓室虽有规模之别，但基本格局并无不同。帝王的墓室称为地宫，最为奇丽诡异的地宫非秦始皇陵莫属。

《史记》记载，始皇地宫中宫观宏伟，藏有各类奇器珍宝。"以水银为百川江河大海"，并制作机械使其流转。宫中烛火长明，百官侍立，还有自动弩箭，敢有擅自闯入者，辄中箭而死。墓穴之上封土为坟。

明代以前，帝王的坟堆为方锥形，其余为圆锥形或半圆形，明代皆为圆形。坟堆的高大程度因人而异，身份等级越低的人，坟堆越是低小，身份等级越高的人，坟堆越是高大。最为宏伟壮观的是帝王之坟，称为"陵"。

封土为陵，出现于战国时期，起初还不甚高大。秦始皇时，征发70多万人工，耗费40年的时间，在骊山修筑陵墓，其陵高至今尚残存有60多米，由此开了历代帝王高修陵墓之风。

大约与陵出现的同时，又出现了在陵上建"寝"的制度。古人相信死者虽然肉体已死，但灵魂不灭，所以需为其建造一室，供其灵魂起居饮食之用。寝最初建于封土堆上，秦汉时期后建于墓侧。汉代规定，帝陵之寝，陈设有床几、座位、被枕、衣冠等物，供墓主灵魂日常生活之用。

寝中留宿宫女，负责整理床被，准备梳沐盥洗用具和用水，每天还需按时供奉4次食品。一切均如墓主生前一样进行侍奉。后来，帝陵的地面建筑中又增加了献殿，专供举行祭祀墓主的仪式之用。

明代废除了寝宫，扩大献殿，更加突出了朝拜祭祀的礼仪。此外，从汉代开始，帝王和达官贵人的墓地上还出现了石雕群。

墓主生前社会地位的高低，决定了石雕的种类、数量、大小和组合。皇帝地位最尊，石雕最多、最大，如明成祖墓前神道两侧，列有狮、獬豸、象、麒麟、马各4件，武将、文臣、勋臣各两对，共32件。

厚葬之风因为古人有灵魂不灭的观点，所以死者，特别是富贵阶层的死者，都希望自己到另一个世界后，还能过上如生前一样的生活；而生者也不愿自己的亲人成为孤魂野鬼，这样就形成了厚葬之风。

石雕 造型艺术的一种。又称"雕刻"，是雕、刻、塑三种创制方法的总称。指用各种可塑材料或可雕、可刻的硬质材料，创造出具有一定空间的可视、可触的艺术形象，借以反映社会生活、表达艺术家的审美感受、审美情感、审美理想的艺术。

■古代帝王陵墓室

以物品随葬的情况，在原始社会就已有了。商周时期，奴隶主贵族多以最为贵重而又能标明身份的青铜礼器随葬。如商王武丁妃妇好墓中，随葬的青铜器达210件。

死者下葬之后，灵车回到殡所，孝子等升堂而哭，此称为"反哭"。随即进行虞祭。虞者安也，意即设祭使死者魂灵有所归依。虞祭时要为死者设立用桑木制作的神主，上面写有死者的官爵名讳。在神主之前，要放置供品，使死者魂灵安之。虞祭后行卒哭之祭。

卒哭，就是止哭的意思。举行卒哭祭的时间，按《礼记》的说法，先秦时期："士三月而葬，是月而卒哭；大夫三月而葬，五月而卒哭；诸侯五月而葬，七月而卒哭。"后世多在丧后第一百天举行卒哭之祭。先秦时期行卒哭之祭时，还要在家门外向代表死者的尸献酒，表示为之饯行，死者的魂灵从此离开家宅。

后世受佛教影响，民间普遍以"做七"代替了卒哭之祭。做七，就是人死后每隔7天做一次佛事，设斋祭奠。七七四十九天后，称为"断七"，断七也就相当于卒哭了。卒哭之后的第二天，要将死者的神主奉入祖庙，依照世次顺序安放到神座上，与所有的祖先一齐祭祀，此称为"祭后"，仍将神主奉回家宅。至此，丧礼告一段落，于是大家分别回到自己的丧居。

古代礼制与礼仪文化

阅读链接

早在18000年前的旧石器时代晚期，处于母系氏族社会早期状态的山顶洞人已把自己居住的山洞的深处用作公共墓室。尸体上及周围撒有红色的赤铁矿粉屑，人们认为人的生命从母体的大洪水中诞生，死后还回到红色中去，回到诞生的处所去。

在7000年至5000年前的母系氏族社会繁荣时期，在黄河流域的仰韶地区就出现了多座墓葬，其中大多数是土坑葬。这些葬坑都距居住区不远，是公共墓葬。死者的头都朝同一方向，这也许是人们心目中鬼魂应飞升的方向。

古代凶礼中的相关礼仪

"荒礼"是凶礼中的五礼之一，荒礼的所有内容全部包括在凶礼之中。《周礼》在《春官·宗伯》里提出荒礼："以荒礼哀凶札。"荒礼包括"贬损"之礼与"振救"之礼两方面。

贬损之礼，是统治阶级在饥荒期间，对自身的行为进行贬损的礼制与礼仪。君王在"大札"、"大荒"、"大灾"期间，根据礼制，要穿戴白色的帽子和衣服。

振救之礼，是国家为了减轻灾害与饥荒的程度，所实行的礼制与礼仪。一发生灾荒，君王即命使者持珍圭征召诸侯开府库，以赈恤百姓。

荒礼是固定的礼制，是国家

■古人祭拜荒礼场景

■ 古代荒礼

为减轻灾害与饥荒专门制订的礼制，其对象是国家与君王，不仅包括减轻饥荒，还包括减灾。荒礼以贬损之礼告诫统治阶级内省修德，以振救之礼减轻灾害与饥荒，主要从礼制层面对执政者进行规诫。

《礼记·曲礼》记载："岁凶，年谷不登，君膳不祭肺，马不食谷，驰道不除，祭事不县，大夫不食粱，士饮酒不乐。"意指水旱灾害之年，五谷不成，天子少食减膳，天子的御道不除草，以省民力而且可采摘野生植物充饥，凶年不以县钟磬作乐，大夫食黍稷而以粱为餐，士虽饮酒但不作乐，与民同忧。

《逸周书·籴匡》将农业丰歉分为成年、年饥、大荒等4种情况，灾荒时直接贷给饥民粮食。《国语·鲁语》记载："国有饥馑，卿出告籴，古之制也。"

《逸周书》原名《周书》，在性质上与《尚书》类似，是我国古代历史文献汇编。旧说《逸周书》是孔子删定《尚书》后所剩，是为《周书》的逸篇，故得名，历记周文王、周武王、周公、成王、康王、穆王、厉王及景王时事。

公元前544年，郑国发生饥荒，郑子皮"饩国人粟，户一钟"。《孟子》梁惠王说："河内凶，则移其民于河东，移其粟于河内。河东凶亦然。"《周礼·秋官·司寇》记载："若国札丧，则令赗补之；若国凶荒，则令赒委之。"这里所记载的荒还包括疫病流行在内，当邻国出现灾荒或传染病、民众面临生存危机时，应该以一定的方式表示同忧，当有赒补之礼，也属荒礼。

灾荒之年举行荒礼，不仅可以安抚民心，维护社会安定，同时也有效地节省了财物，有利于人民的生产生活。故而，先秦以后荒礼仍受到社会各阶层的重视。

"吊礼"，就是邻国遭遇水火之灾，应该派往使者前往吊问。

公元前683年秋，宋国发生大水，鲁君便派使者一行人前往吊问。《左传》公元前588年2月甲子，新宫灾，"三日哭"。《谷梁传》记载："三日哭，哀也其哀礼也。"

吊礼，是古代国与国之间表示友善的一种礼仪。

袷礼是会合财货的意思。邻国发生祸难，发生重大物质损失，兄弟之国应该凑集钱财、物品以相救助。《谷梁传》记载："更宋之所丧财也。"意思是说，补充宋国因灾祸而丧失的财物，使之尽快恢复

■古代的吊礼

■古代"恤礼"蜡像

正常的社会生活。

　　除以上这些凶礼之外，古代还有"恤礼"礼仪。恤是忧的意思。春秋时期，诸侯国因外来侵略或内部动乱灾祸，蒙受经济、财产、人员的损失时，周天子或盟国汇合财货予以救助或者派遣使者慰问、存恤，称为"恤礼"。

　　《周礼·秋官》中"大行人"之职，为"致恤以补诸侯之灾"；"小行人"之职，为"若国师役则令犒恤之"，这些都是"恤礼"。经过历代的发展，成为重要的礼仪之一。

　　礼在人类文明发展的进程中是不可缺少的，而凶礼则是其中的重要组成部分，代表着我国古代的文明与进步。

阅读链接

　　孟子曾说过"大孝终身慕父母""事死如事生"。所以陪伴灵柩的时间越长，丧葬的安排越周到，便越是尽孝。为父母或祖父母丧3年，服丧期间叫作丁忧或丁艰，不许做官，不许应考，不许结婚，不许生育子女，违反者都成为礼教的罪人，要受朝廷惩罚。

　　大殓以前，守灵要铺草枕土块，丧服期内全要穿另一种衣服，不赴宴，不庆贺，不礼拜，要素食，不许形销骨立，却要做出营养不良状。热丧百天之内，理发剃须也不许。前人形容"以毁卒"，就是居丧以哀毁致命。

军礼是我国古代的五礼之一。在《周礼·春官·大宗伯》中记载说："以军礼同邦国。"《蒐苗的检阅》中也说：在我国的周代，在一年四季里也都是有军事上的操练的，春天的叫作"振旅"，夏天的叫作"拔舍"，秋天的叫作"治兵"，冬天的叫作"大阅"。这些是被称为"军礼"。

可见军礼在国家中的重要作用，在一年四季中都有军礼贯穿，经过历史的演变，军礼主要包括鼓舞斗志和树立必胜信念的出征之礼、大军得胜班师回朝的凯旋之礼、检阅威武之师的校阅之礼和田猎之礼等多方面。

军中仪式

五礼之军礼

鼓舞将士斗志的出征之礼

汉代初年，受到楚汉战争的破坏，人们的生产亟须恢复。刘邦当上皇帝后，首要的事情就是大力提升国力。可是战乱频繁，百姓连一个安定的生活环境都没有，更何谈生产呢？

■刘邦率军出征前的礼仪

■ 刘邦带兵出征的蜡像

公元前201年，冒顿率领40万大军攻打汉朝领土马邑。镇守马邑的前韩国贵族无法忍受围困，最后叛国投敌、开城投降。由此，大汉帝国的门户打开，冒顿单于率匈奴铁骑攻破雁门关直逼太原。

于是，在国家危难时刻，刘邦决定率32万大军御驾亲征，最终得以一统天下，刘邦成了古代历史上第一位御驾亲征的皇帝。

其实，在我国传统戏曲和许多小说中，经常可以看到"御驾亲征"与"拜将出征"的说法，这反映了古代军队出征的两类不同形式，御驾亲征就是天子亲自挂帅，领兵出征，如清康熙帝亲征准噶尔部等。

拜将出征就是任命将领带兵征讨，如汉高祖刘邦登坛拜韩信为将，明修栈道，暗度陈仓，东向伐楚等。两者的主帅地位不同，礼数规格也就有较大的差别，但其礼仪内容则差别不大，基本上都包括祭天、

刘邦 （前256年—前195年），汉代开国皇帝，汉民族和汉文化伟大的开拓者之一，古代历史上杰出的政治家、卓越的战略家和指挥家。刘邦对汉族的发展，以及我国的统一和强大有突出贡献。

祭地、告庙和祭军神等四大类内容。

出征之前祭天，古代称为"类祭"。类祭的地点和形式取则于吉礼中的祭天之礼，也是在国都之郊举行祭祀，将牺牲、币帛等祭品燔燎告天，通过向上蒸腾的烟气，把出征之事报告上帝，请求上帝同意，以上帝名义去恭行天罚，并祈求上帝保佑战争的胜利。

类祭的具体时间，由占卜决定于刚日某天举行。古代以干支记日，干支有刚、柔之分，甲、丙、戊、壬属于刚日，刚日为阳，出征为阳刚之举，故而类祭也都在刚日，而不在柔日。

出征前祭地称为"宜社"。战争的起因大都是由于领土的纠纷，战争的目的是为了保卫领土的安全，故出征之事也必须报于代表国土的社神知悉，以求取社神的保佑。

"宜社"的祭祀形式也类同于古礼祭地之礼，主要是采用瘗埋祭品如牺牲、玉币等于地中的瘗埋之礼。出征前告庙之礼称为"造祢"，就是告祭于祖先的意思。

这三类祭祀活动，把天、地、人三神全都拉到了自己阵营一边，

■ 古代士兵祭祀军神

表明出征的大军乃是替天行讨的名正言顺的堂堂正义之师，从而鼓舞起战士们的斗志，树立其必胜的信心。

在此之后，出征之师还要行祭军神、军旗之礼，古称"祃祭"。在举行祭祀仪式时，先将征伐之事告知神，再将羊、猪等牺牲荐神，以牲血涂抹军旗、战鼓，称为"衅旗鼓"，祈求军神相助。祭军旗的仪式称为"祃牙"。牙是牙旗，牙旗是军中大旗。

古代军队的进退行止等一切行动，均依军中旗鼓为指挥，故而牙旗乃是军中的灵魂和中枢，祭牙旗就是祈求出师大捷，旗到得胜的一种仪式。

唐宋时期，范围进一步扩大，礼仪更趋复杂化。军队的一切行动，皆依托道路进行，所以出征前还要对道路之神祭祀。

祭是在道路上封土为堆，并插有树枝草木，驾驶战车的驭手一手执辔，一手持酒，浇在战车轮轴两端，再浇车厢前的挡板，然后将酒一饮而尽。三酹之后，战车从土堆上碾过，祭礼即告结束。

出征大军行过此礼后，所有的山川险阻，皆可平稳涉渡，不会构成危害。但唐代以后，此礼已很少用了。

阅读链接

受祭的军神，有两种说法，一说是蚩尤；一说是黄帝。这两人都是古代部落联盟时期有名的军事首领。

传说蚩尤是九黎族的首领，十分勇猛善战，曾经击败炎帝部落。蚩尤还是我国的兵器制作之祖，能够以金属制作各类武器，据说刀枪剑戟等都出自他的发明创意，又说蚩尤还具有很大的神通，能在战场上呼风唤雨，扭转战局。

黄帝是与蚩尤同时代的人，他领导炎黄部落联盟击败了蚩尤的部队，并学会了九天玄女的兵法，行军布阵，神鬼莫测。这两人可称得上是古人心目中的战争之神，所以理所当然地登上了祃祭的神坛。

将士得胜班师的凯旋之礼

　　出征大军得胜班师，则要行凯旋之礼。军乐队一路吹打，高奏凯乐，众将士齐声高唱凯旋之歌。来到国都近郊，若是天子亲征之师，众大臣都要出城迎接。若是命将出征之师，天子要亲自郊迎，或派使者出城迎接，以示慰劳。

■得胜后举行的凯旋之礼

军队奏凯归来，先要到太庙、太社，向天地祖先等告奠，并行献捷献俘之礼。献捷，即向天地祖先报告胜利的消息，感谢他们的庇佑。献俘，即献上各种战利品，包括俘虏，以听候处理。

献捷之礼，周代有"献馘于王"的做法。

■凯旋的士兵

馘，是割下的所杀死敌军的左耳，以此来计算战士杀死敌军的数量，周王据此论功行赏。为了让天下臣民都知道军队奏捷的消息，北魏时又在献捷之礼中增加了"宣露布"制度。

露布，本来是不加缄封的官文书，北魏时期将之用来发布战争获胜的消息，这样就出现了"宣露布"的做法，即每当前线告捷，便把胜利的消息写在缣帛之上，然后立一漆竿，将其系于竿端，以广告远近。

此后，这一做法逐步流行起来，露布也就成了"布于四海，露于耳目"的献捷之书。隋文帝时为此制订了宣露布之仪：捷报由兵部露布，文武百官及四方客使全部集中到广阳门外，由宰相当场宣读露布。

读毕，百官舞蹈再拜行礼。礼毕，再把露布系于竿上，告知天下。另外，献捷之礼还有其他情况。在战事尚未全部结束之前，军队获得了某一场战斗的胜

缣帛 古代以丝织品为记录知识载体的。一般称为"帛书"，也称为"缯书"。因其色白，故又称之为"素书"。缣帛文献约起源于春秋时期，盛行于两汉时期，与简牍以及其后的并存了很长一段时期。缣帛柔软轻便，幅面宽广，宜于画图，这些都是简牍所不具备的优点。

利，率军将领也要遣人回京，向朝廷报告胜利，也称"献捷"。

使者带来的捷报在早朝时在朝廷宣读，称作"宣捷"。倘若不是一般性的捷报，而是重要战役的大捷，还要遣官告祭天地宗庙。

天下分崩之时，小国打了胜仗，向大国告捷，也属于献捷的一种。献俘之礼，历代大体相同，细节上略有差异。以宋代为例，先将俘虏以白练捆绑，押往太庙、太社，献俘于祖宗神灵，然后押往宣德门，举行献俘之礼。

皇帝在门楼正中设座，上树帐幄，文武百官按其品阶高低序立于楼下，献俘将校也于两旁肃立。皇帝就座，三呼万岁后献俘开始。先将俘虏押解就位，再由侍臣高声宣读露布，然后刑部尚书出班奏报，请求将俘虏交由法司处置。皇帝若下令处决，就由大理寺少卿将俘虏押往法场。

若皇帝下令开释，就由侍臣传旨释缚，被俘者上前三呼万岁，跪拜不杀之恩。随后，文武百官也三呼万岁，舞蹈拜谢。若战争以敌方投降告终，则有受降之仪。

古代礼制与礼仪文化

■献俘之礼

　　宋代的受降仪式也在宣德门举行，其排场和程序等与献俘仪大致相似，所不同的是衣冠的改易。降王及其降众先是穿着本国衣冠，至宣德门前俯伏而拜，山呼万岁，皇帝下旨赦其罪，并赐予冠服袍带，降王等拜而受之，穿上中华衣冠后再拜呼万岁。

　　服饰的改易，意味着他们从此接受中华帝国的统治，甘愿为中国的藩属。若战争进行过程中敌方投降，则由前方主将代表皇帝受降，并将此消息报告朝廷批准，再露布天下周知。

　　军中受降之仪，先于营外筑受降台，台旁建"奉诏纳降"大旗。在受降之日，投降者立于旗下。鼓吹鸣炮之后，主将登台就座。降者膝行至台下，俯伏乞命，请求允其降顺。主将乃宣皇帝旨意，同意受降，并赦免降者，给予一定的赏赐。降者叩头谢恩，仪式就告结束。

　　战争胜利结束后，天子要论功行赏，古代称此为"饮至"。顾名思义，庆功是要设宴饮酒的，可见"庆功酒"的说法由来已久。宴享之后，再对立功将士论功行赏，有的升官授爵，有的赐予财物等。

　　最初的"饮至"之礼，大多是在宗庙举行，后代多改在皇宫正殿或宫苑中举行。战争是双方的事，任何一方都不可能永远立于不败之

■ 古代行凯旋之礼的士兵

地，所以军队吃败仗的情况并不罕见。

碰到这种情况，古代就称为"师不功"或"军有忧"，当然也就不能用凯旋之礼相迎，而是用丧礼迎接败军。国君要身穿丧服，头戴丧冠，痛哭失声，以吊死抚伤，慰劳将士。

如春秋时期，秦国孟明视率军袭郑，归国途中为晋军设伏歼灭，孟明视等残军败将被释回国后，秦穆公身穿丧服亲到郊外迎接，一面痛哭流涕，一面抚慰将士，把战败的责任承当下来，这就使得秦军将士个个义愤填膺，誓死要和晋军战斗到底。果不其然，秦军很快就恢复了元气，并连续向晋国发动了攻击。看来，凡事只要处理得当，坏事可以变成好事，而溃败之师也可以变成威武勇猛之师的。

阅读链接

军队获胜而归，谓之"凯旋"，皇帝会亲率百官出城至郊外迎接，以示慰劳；有时侯则派遣大臣出城迎接，这被称为"郊劳"。

军队凯旋后要在太庙、太社告奠天地祖先，并有献捷献俘之礼，即报告胜利，献上俘获的战利品。现泛指被派出去的军队、组织、机构或人圆满地完成所指派的任务后载誉归来。

威武之师的仪仗校阅之礼

在周代，当时已经有部队日常训练的制度，据《礼记·月令》记载，每年的孟冬之月，天子亲临讲武，命将帅操练士卒，讲习射、御、角力之技。这就成为后世冬季大阅兵的大阅之礼的源起，从而演

■古代士兵校阅

■古代骑射演练壁画

阵形 简单地说，是古代军队的野战队形，随着历史的发展，开始编制有组织军队，并且采用一定的队形，这就是原始的"阵"。阵是在军队产生的过程中，因为组织军队和指挥战斗的需要出现的，古代军制学和战术学发展的成果。

变成一种校阅之礼。

在古代，为了维护国家的长治久安，一向都非常重视军队的平时训练，这种经常性的训练，不仅可以提高军队的战斗力，使之常备不懈，而且一旦碰到战事，马上即可上阵应战。

古代军队的训练，大多是在专门的训练场即在校场上进行，在锣、鼓等敲击乐器敲击出的节奏指挥下，战士们进行着变换阵形、格斗以及前进、后退、疏散、集合等各类基本功的训练。这种训练的成果，将在每年都要举行的大阅兵上体现出来，因此，古代又把军队平时训练的各类活动和制度，统称为"校阅之礼"。

汉代校阅之礼则有都试之制。都试，在每年10月由朝廷和地方郡一级衙门同时举行。在各级军事长官的负责下，从所属范围内抽调军队，集合演练骑射诸技，并当场比试考核，以定各部队平时训练水平之优劣，优者赏，劣者罚，从而保证军队的战斗力。

东汉时期，为防地方势力扩大，废除了地方都试之制，但朝廷的演武校阅仍照常举行。东汉时期历史上规模最大的也是最为有名的校阅，发生在东汉末年的188年。当时东汉王朝的统治已摇摇欲坠，西方羌人叛乱，各地暗流汹涌，地方军阀拥兵一方，普通百姓不断举义。

为稳定腐朽的汉王朝统治，在大将军何进的主持下，召集四方兵将会集京师，举行了大规模的讲武，意在向天下炫耀武力。讲武于平乐观举行，观下建有大坛，坛上张十二重五彩大华盖，汉灵帝坐于其下，步兵、骑兵数万人在"西园八校尉"的统领之下，个个结营为阵，进行操练。

西园八校尉中，后来逐鹿中原、争雄天下的一世之雄如曹操典军校尉、袁绍中军校尉等俱在其列。北魏时期，校阅演兵由讲练阵法、操练基本功等内容转向了更重实战效果的对抗演习。

全军分成南、北两军，各由主将统领，先由步军操练阵法，共达20余种之多，做遥相对抗之势。阵法操演完毕，两军各选骑士6000人互相挑战，进行实战模拟演练，最后以北军胜而南军败结束。

后齐时期讲武，更重视战阵之法的演练。其演练

校尉 古代武官官职。校，军事编制单位。尉，军官。校尉为部队长之意。战国末期已有此官。秦代为中级军官。汉代时达到鼎盛时期，其地位仅次于各将军。主要有屯骑、步兵、越骑、长水、胡骑、射声、虎贲八校尉，这些军队皆属精劲之旅，而胡骑、越骑尤为重要。

■古代士兵校阅塑像

■士兵演练

的重点分为目、耳、心、手、足五大环节：

所谓目，要求每个战士都能熟知各式旌旗及各式旗语的意思，旗卧则跪，旗指则起，使全军行动整齐。

所谓耳，要求战士熟知军中金鼓的意思，击鼓则进，鸣金则止，使全军行动如一。所谓心，要求战士了解军法严明，严格按军令从事，从而使全军一心，能如意指挥。所谓手，要求战士能熟练运用各类兵器，在各种不同的情况下，都能适当地运用格斗技术，以求克敌制胜，从而发挥各类兵器的特长，提高军队的战斗力。

所谓足，要求战士们能练出一副铁脚板，不仅能够跋山涉水，而且还能长途奔袭，任何情况下能应付裕如，从而使军队能招之即来，来之能战。通过这5个重点环节的训练，使全军万众一心，阵法严整，能有效地抗击任何来犯之敌。

唐代于仲冬之月讲武，全军集合于都门之外的校场上演练，皇帝、文武官员、地方使臣、番邦宾客皆前往观看，百姓也可在校场外观阅。参加演练的步、骑军一分为二，成东、西两军，相向而立。待主将代全军宣誓及申明纪律后，演武随即开始。

先由步军登场，听得战鼓擂响，令旗举起，全体士兵行进，击钲停步。鼓响3声，令旗偃倒，士卒皆跪。如此反复操演数遍之后，接着演习阵法，东、西两军结阵相向，依五行相胜之法，不断变幻阵法，互相抗衡。随之两军各派出50名能征善战之士，手持刀盾，捉对厮杀。

最后，两军皆变为直阵，由旗鼓指挥，同时向中线而进，面对面地进行模拟攻防演练，以检阅战士的技击水平。如此对阵法、指挥系统、技击水平、兵器运用能力等全面检阅后，步军退场，骑兵进场，其演练内容、程序等俱与步军相似。

宋代校阅之法号称最为严密而完善，宋代在京师

令旗 在古代的军队中，普遍使用小旗作为传达命令时的标志，称为令旗。通常，旗杆头为铁制尖头，旗为绸布制，上写有一个"令"字。《清文献通考》的《兵十六》记载，大将军、将军、督抚等高级军官，使用三角形令旗；驻防将军、都统、副都统用方形令旗。

■古代士兵演练塑像

■古代布阵练兵图

四周设置了4个大校场，皇帝亲自参加讲武典礼，步、骑、水等各军兵种都要参加演练，演练的内容更注重从实战需要出发，并根据战士在演练中所表露出来的技术水平，品定士兵的等级，作为升迁、赏罚的重要依据。

此外，宋代对演练的各项内容都规定了明确的标准，成为一项制度而颁布执行。据记载，宋代对步战技巧、马战技巧、水战技巧、各类兵器运用技巧，如发射弓箭的执弓、发矢、运手、举足、移步等各步骤都详加分解，制订了规范化的条文，还绘图加以详细说明，规定所有战士都要熟加记诵。

宋代对阵法的演练特别讲究，他们总结了前人对阵法运用的心得，确定了多种多样的阵图，要求将领和士卒都要熟知各阵的排列与运用，甚至在战时也强令军队按照皇帝御定的阵图作战，而不考虑战场具体情况是否适合。

所以，宋代这种脱离实际情况的教条化的训练，虽然使训练的制度和方法等都更趋规范，战士个体的战斗能力也有所提高，但在实战中却作用不大。

自明中叶以后，武备懈弛，军队空虚，壮兵多充将领劳役，而老弱之徒充斥军营，吃空额的更是比比皆是。在这种情况下，大阅讲武自然流于空谈，大多走过场了事。到了明代末叶，甚至连这种形式也都不再举行。

清以弓马得天下，对军队训练比较重视，清代初期有3年一大阅的规定，这一制度一直坚持到嘉庆帝时期。清代康熙时又另创"会阅"典礼，由清军会同蒙古各盟旗藩王共同举行。

清代时，火药兵器已广泛运用于实战，故而清代大阅之礼除有传统的检阅以冷兵器装备的各兵种作战水平之外，还要检阅以火器装备的部队。

据载其操演之法是每前进5丈做一次实弹射击，如此连续9次，到第十次时则进行连发射击演练。校阅场上的枪炮声，预示着传统的军队即将退出历史舞台，而以新式的火药武器装备起来的各军兵种，日益成为叱咤风云的战场主宰。

阅读链接

军队在外行军作战，刑赏必须要严明。在《尚书·甘誓》中记载："用命赏于祖，弗用命戮于社。"此外，《孔丛子》也有记载："其用命者则加爵受赐于祖莫之前，其奔北犯令者则加刑罚戮于社。"

所谓"赏于祖"，因为天子率军出征时要将祖庙的木主载于车中，随军一起行动，所以奖赏有功将士就在祖先神主之前颁赐。所谓"戮于社"，也是指在社神的木主前对有罪之人加以刑戮。另外，《孔丛子·问军礼》中子高向信陵君解释这么做的理由，说道："赏功于祖，告分之均，示不敢专也。戮罪于社，告中于土，示听之当也。"这是说为了表示刑赏都公正无偏，鬼神可鉴。

古代军队训练的田猎之礼

在农业文明时代的时候，先秦时期诸子与"三代之英"构建了一个农耕民族绚丽多彩的精神家园。狩猎自远古至夏商曾是先民的主要生产方式，及至周代，农业社会狩猎的生产功能迅速减退，在礼制文化的规约下，狩猎已失去原始的荒蛮、强悍与血腥杀戮带给猎者的审美愉悦，田猎之礼蕴涵了农业文化的精神气质，承载了农耕民族的自然观与生态意识。古代田猎活动，是与军事活动紧密联系在一起的，也是军礼一项重要内容。田猎，又称畋猎，即狩猎、打猎之意。

在古代，只要国内没有重大的政治事故如战争等，没有重大的自然灾害，帝王们都将一年四季地举行田猎活动，并动用

■古代田猎活动塑像

军队参加围捕追逐，军队在田猎时所表演的弯弓骑射、分进合围诸术，实则上也起到了训练和检阅军队的作用，由此，田猎也成为古代军队训练中的一大经常性制度。

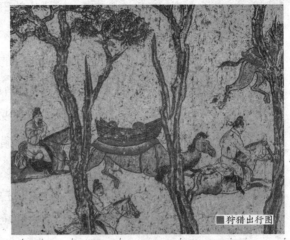
■狩猎出行图

周代田猎按季度进行，称为"四时畋猎"，每季度举行的时间都在季度的中月。周代的四时田猎也各有名目，分别称为"春蒐"、"夏苗"、"秋狝"、"冬狩"。四季田猎的训练内容也各有区别。

仲春二月进行的春蒐，主要训练士兵掌握军中的鼓、金等信号，并在这些信号的指挥下，切实掌握"坐作、进退、疾徐、疏数"等阵法和战术；仲夏五月进行的夏苗，着重训练士兵露宿原野的能力以及夜间战斗的技巧和能力；于仲秋八月进行的秋狝，则主要进行布阵演练和实战操练。

而于仲冬十一月进行的冬狩，则是对军队一年来训练成果的综合性大检阅。但是，军事训练只是田猎活动中的部分内容，田猎还是一项统治者走马荒郊、追鹰逐兔的娱乐活动，大自然中的各种飞禽走兽都成为田猎的猎物。

但在周代对于田猎也规定了一些礼法上的限制，不允许超越礼规去暴殄天物。周代礼法中规定，幼兽、有孕之兽、鸟卵、鸟巢，不得捕猎或破坏；围捕时要留一缺口，不能一网打尽。

这些规定，体现了立意者良苦用心，保护了野生动物资源，维持了自然界生态平衡，很有借鉴意义。田猎，是一项娱情悦性的活动。

■ 清朝狩猎图

清代的田猎活动，典型的有"木兰秋狝"。木兰，在承德避暑山庄之北。满语中的"木兰"，意为吹哨引鹿之处，吹哨，即模仿雄鹿叫声以招引雌鹿。它说明了满族等少数民族一种特别的狩猎方式，那就是哨鹿。

在木兰秋狝中也有哨鹿之举，由侍从10余人护卫皇帝至哨鹿所后，一名侍卫举起雄鹿头，模仿其"呦呦"鸣叫，待雌鹿寻声而至时，弯弓将其射杀，迅即截取鹿血供皇帝饮用。

清代的木兰秋狝，还有其特殊的政治含义。清王朝为了维持和周边各个民族的融洽关系，每当清帝至木兰行猎的时候，都要召集周边民族的各部首领前来参加，木兰秋狝由此也就成了民族团结的一大盛会。

木兰秋狝同时又是民族联合的一次大操演。参与行猎的军队有步、骑、火器等各大军兵种，其围猎的方式有两种，一是围而不合的行围，一是四面包围的合围。

行猎之时，先由各部兵士分散开来，将四方野兽向预定的包围圈中驱赶，然后皇帝入围，指挥各部协同收缩包围圈，格杀企图突围的野兽，遇到凶猛的猛兽则由操火器的官兵将之射杀。

如果围中野兽较多，皇帝也会大发慈悲，使包围圈网开一面，部分野兽逃出。逃出的野兽是皇帝格外施恩才得以放生的，属于皇帝的仁政，所以也不再允

避暑山庄 古代的帝王宫苑，清代皇帝避暑和处理政务的场所。承德避暑山庄始建于1703年，历经清康熙、雍正、乾隆三朝，耗时87年建成，与颐和园、拙政园、留园并称为"中国四大名园"。

许任何人加以猎杀。通过这种大规模的行猎，锻炼了军队，对军队的日常建设，起到了一定的推动作用。

除此之外，古代的军礼还包括大均之礼、大役之礼和大封之礼等。大均之礼是指天子为了校正户口、调节赋税方面的功能所作出的一系列规定。

在西周时期，军队的建制有一套完整的系统。以5人为伍，5伍为两，4两为卒，5卒为旅，5旅为师，5师为军，一军为12500人。朝廷根据这种建制将军队组建起来，有事则出为兵，无事则居为民，秋收农闲之后参加操练。

古时候，军人一般只有士人和平民才有资格参军，而且应征的士兵除了战车外，还必须自己备齐装备，普通百姓上缴供给军赋，平时不用交税。但是，随着战争规模的扩大，这一制度很快就被打破了，不仅征兵的范围扩大，赋税也成了每年定期缴纳的任务。

古代的大役之礼，是指朝廷大兴土木工程，诸如开河、筑城、造宫殿、建陵墓等，都要求根据民力来分派任务。这也就是孔子所说的"为力不同科"的思想的体现。

大封之礼，就是古代诸侯国与国之间的疆界都要封土植树。诸侯国之间发生疆域纠纷、士大夫之间发生封地纠纷，这时就需要出兵征讨侵略的一方，然后聚集流散的居民，再行确

仁政 一种儒家思想。是儒家思想代表孟子从孔子的"仁学"继承发展而来，是孟子学说中的"民本"、"仁政"、"王道"和"性善论"等政治理想之一。

■ 狩猎出行图

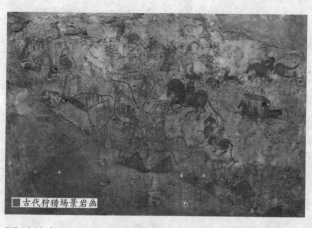
■古代狩猎场景岩画

定双方的疆界。这些也需军队参与勘定，并有一定的章程，因此也被纳入军礼的范围内。

先秦时期军礼的范围很宽泛的，不仅用在治军上，同时战争中也有一套礼节。如遇到身份高的人，尤其是遇到敌军的统帅，普通士兵一定要下战车敬礼。若是敌军统帅在逃跑，追赶的人一定不能不择手段地追捕。对待敌国的君主要像对待本国的君主一样。

军礼中还规定不能杀头发花白的老人，不能继续打击已经受伤的人等。不过春秋争霸，战争频繁，这些礼节也就慢慢丧失了。

军旗是军礼的重要内容，军旗在古代战争中还起着发布号令的作用，它往往成为军队的核心，代表着军队。除军旗外，鼓、金也作为军礼的组成部分，指挥行军作战。各种军礼几乎都离不开鼓和金。

阅读链接

宋代统治者基于军事需要，重视射术和武艺。1078年，在宋神宗钦定的考核士卒武艺的标准《元丰格法》中，对步射、马射、弩射应达到的等级均有详细规定。挽弓、蹶弩既是军事技术演练，也是锻炼身体的有效方法。

沈括《梦溪笔谈·辩证》记载："今之武卒蹶弩有及九石者，计其力乃古之二十五石，比魏之武卒，人当两人有余。"这表明，由于加强弓弩技术的训练，武卒的力量较战国时期增大许多。

五礼之宾礼

　　宾礼是古代古礼之一，即邦国间的外交往来以及接待宾客的礼仪活动。如天子受诸侯朝觐、天子受诸侯遣使来聘、天子遣使迎劳诸侯、天子受诸侯国使者表币贡物、宴诸侯或诸侯使者。

　　此外，王公以下直至士人相见礼仪，也属宾礼的范畴。广范地来讲，宾礼包含了加强和调适诸侯关系的朝觐之礼、出征大军得胜班师的凯旋之礼、检阅威武之师的校阅之礼和蕴涵生态保护意识的田猎之礼等方面的内容。

加强诸侯关系的朝觐之礼

周代，周王行分封之制，除周王直接控制的王畿地区外，其他地方都由同姓子弟或异姓功臣，受封为诸侯，镇守一方，并拱卫王廷。

在这种分封制度下，周王是政治上的共主，负有统领万邦诸侯的职责和治理天下的权利，各地诸侯则是周王的藩属，既有统领一方的权力，又负有尽忠王廷、为周藩屏的重大义务。

■周公分封各诸侯

分封诸侯

朝觐之礼的制订，可以说就是本之于这一用意而组成的一条上下联系的纽带。据《周礼》记载，周代的朝觐制度是这样的，王畿之内的诸侯，一年当中要朝觐4次，称为"春朝"、"夏宗"、"秋觐"、"冬遇"。而王畿之外的诸侯，则根据其封地距京都的远近，各据其服数来朝。

■诸侯朝觐图

诸侯朝觐图

王畿外方500里之地称为"侯服"，其诸侯一年一朝；侯服外方500里谓为甸服，其诸侯两年一朝；甸服外方500里称为男服，其诸侯3年一朝；男服外方500里谓为采服，其诸侯4年一朝；采服外方500里谓为卫服，其诸侯5年一朝；卫服外方500里称为要服，其诸侯6年一朝；九州之外，称为"藩国"，藩国之君一世一朝。

《礼记·王制》记载，周代诸侯5年一朝天子。诸侯朝觐天子，称为"述职"，即是各地封君在朝觐天子时，要亲自向天子汇报封国的情况。

朝觐述职时的礼仪规定比较严格，所有的诸侯要按公、侯、伯、子、男五等爵位，身穿不同的服饰，立于不同的位置，公爵立于东面，侯及其下各爵立于西边，依序述职。

各诸侯手中所执的礼器也有明显的差别。是一种长条形的玉器，公所执的为9寸桓，侯为7寸信圭，伯为7寸躬，子为5寸穀璧，男为5寸蒲璧。朝觐时，各地诸侯还要以玉帛、珍玩及土珍异产作为礼物，贡献给天子，称为"朝贡"。

当然，天子受贡之后也有礼物回赠。朝贡的物品主要是各种璧玉和币帛。以玉帛为贡有着悠久的传统，相传大禹王在涂山大会诸侯时，"执玉帛者万国"。

由于国家之间互相交好时多以玉帛为礼，所以，"玉帛"也就成了和平友好的象征，"化干戈为玉帛"正是此意。周代的诸侯若不按期朝觐周王，其罪名是很大的，称为"大不敬"，将会受到周天子以及其他诸侯国的讨伐。

但春秋时期，周室衰微，各地诸侯坐大，便都渐渐不把周王室放在眼里，朝觐制度首当其冲。各地的诸侯不仅不按规定时间入朝，甚至数年、数十年都不来入朝。

相反，一些弱小的诸侯国却频频向强大的诸侯国入朝，祈求他们的保护。以和周王室关系最为密切的鲁国为例，整个春秋时期的300多年间，鲁君入觐周王仅有寥寥可数的3次，而晋、楚等大国却多达32次。所以孔老夫子慨叹春秋以来"礼崩乐坏"，倒也恰如其分地反映

■秦汉时期的朝觐壁画

■藩王朝觐朱元璋

了当时的历史现实。

　　秦汉时期，地方体制上基本实行郡县制，皇室宗亲子弟以及异姓功臣虽也有王侯之封。但大多是虚封而非实封，即享有封号及一些特殊权益但不管民事，不赐土，基本上没有实际的政治权力。因而对朝觐之礼也就不如周代那么重视，各藩王诸侯虽则也有朝觐的规定，但大多不甚严格。如曹魏王朝，对诸王防范甚严，甚至明令不让他们入京朝觐。

　　相比之下，倒是明代的朝觐制度较为严苛而又比较特殊。明王朝建立后，朱元璋分封了25个儿孙到各地为藩王。为加强对藩王的控制，维护独裁专制政体，朱元璋严令藩王在藩地不许随便活动，每年只许入京朝觐一次。朝觐时藩王不许同时入朝，必须等到一个藩王回国后，另一位藩王才能起身入觐。

　　朝觐的次序都是按照嫡庶长幼依次进行轮换，周而复始。朝觐时大朝行八拜之礼，常朝只需一拜，而在私下场合，也可以家人之礼相见。这种特殊的朝觐

藩王 介于地方长官与独立君主之间的统治者。他们可能是已形成地方割据势力，但在名义上仍未宣布独立的地方长官，藩王一般都有独特的名衔，这些名衔并非一般的地方长官职衔，而是比地方长官职衔较为尊贵的封号。久而久之，这些名衔会演变为真正的君主称号。

■唐代朝觐皇帝之礼仪式

方式，确保了藩王在京只有一人，防止了藩王们的互相串联。

朝觐之礼中还包括周边属国或少数民族首领来觐见中原天子的内容，唐代《开元礼》中为此特地制订了藩王来朝之礼。

唐礼规定藩王来到京城，皇帝派使者在国宾馆门前用束帛迎接劳问；朝觐之日，由官员将藩王先引至太极殿阁外，然后击鼓奏乐，皇帝登御座；二次奏乐击鼓，引藩王入殿；藩王再拜稽首后，由侍中宣读制书、敕命，引蕃王升坐，皇帝进行劳问；最后，第三次奏响鼓乐，藩王再拜稽首，以示谢恩。皇帝再择日为藩王设宴，藩王于宴前奉贽献贡，皇帝于宴后给予赏赐，以表嘉奖。

阅读链接

"千里送鹅毛"的故事发生在唐代。当时，云南一少数民族的首领为表示对唐王朝的拥戴，派特使缅伯高向太宗贡献天鹅。路过沔阳河时，好心的缅伯高把天鹅从笼子里放出来，想给它洗个澡。不料，天鹅展翅飞向高空。缅伯高忙伸手去捉，只扯得几根鹅毛。缅伯高急得顿足捶胸，号啕大哭。

随从们劝他说："已经飞走了，哭也没有用，还是想想补救的方法吧。"

缅伯高一想，也只能如此了。到了长安，缅伯高讲出事情原委。

唐太宗连声说："难能可贵！难能可贵！千里送鹅毛，礼轻情意重！"这个故事体现着送礼之人诚信的可贵美德。

遣使朝觐天子的朝聘之礼

　　春秋时期，鲁国聘于周室仅有屈指可数的4次，而聘于晋、楚等强国的次数却多达56次。各诸侯国之间的使节互聘，在春秋战国时期非常盛行，一般每隔一段时间，各国都要派遣使者，互致问候。

　　以卿为使者称为"大聘"，以大夫为使者称为"小聘"。通过互

■古代朝觐蜡像

■ 齐顷公画像

聘，来强化国与国之间的联系。这就是后来形成宾礼之一的朝聘之礼。

所谓的聘礼，是指古代国与国之间遣使访问的礼节，它主要包括封国遣使入朝，封国之间遣使互访以及中原王朝和周边邻国间的使节来往等内容。

早在先秦时期，朝聘主要指的是封国遣使入朝天子，故又称为朝聘。周代诸侯聘于天子之礼是一正常的制度，《礼记·王制》记载：

诸侯之于天子也，比年一小聘，三年一大聘。

就是说在诸侯朝觐天子的间隔之年，诸侯遣卿大夫为使入聘，问候天子，并陈述职守。有时，正当诸侯朝觐之期，但诸侯有事不能亲行，也遣卿大夫为使，代自己入觐，这也是聘礼的一种。春秋时期，周王室日烟衰微，不再有号令天下的威风，诸侯聘于天子的制度也就日渐式微。

春秋战国时期，诸侯争霸，相互之间攻战不休，国与国之间的关系错综复杂，稍有不慎，就会引起同盟反目、国破家亡的悲剧。外交在各国政治生活中的重要性，既造就了无数个智计横出、纵横捭阖的外交家，又使得朝聘活动日趋频繁，成为关系到国家存亡

《王制》 出自《礼记》是指古代君主治理天下的规章制度，内容涉及封国、职官、爵禄、祭祀、葬丧、刑罚、建立成邑、选拔官吏以及学校教育等方面的制度。

的重要大事。

朝聘的礼仪规定，在先秦时期也是十分严格的。周礼规定，诸侯聘于天子，必以卿为使，以大夫为上介，以士为众介；聘使进入王畿时，必先通报"关人"，关人转报天子，待天子同意后，聘使才能入城。聘使被安置在馆舍之中等候天子召见。

觐见时要贡奉玉帛珍玩以及本国土产奇珍。觐见之后，由王室盛情款待，再由王室使臣送其出畿返国。诸侯国之间的使节互聘，也有相同的礼节规定。

外交礼仪是相当严肃的事情，必须严格认真地执行，以表示对对方的尊敬。若在外交场合违法弃礼，玩忽礼仪，就很可能带来极为严重的后果。

有一年，晋、鲁、卫、曹4国同往齐国聘问。事有凑巧，晋使克瞎了一只眼，鲁使季孙行父头上无毛，卫使孙良夫跛了一只脚，而曹使公子首偏偏又是个驼背。4个残疾人走上朝堂行礼聘问，让齐顷公乐不可支。

好不容易等到退朝，齐顷公就连忙走向后宫，讲

季孙行父（？—前568年），春秋时期鲁国的正卿，史称"季文子"。季孙行父上承其祖成季之遗风，下启以季氏为首的三桓政治。正因为他的努力，鲁国三桓才得以顺利成长，从而成为日后凌驾于鲁君之上的强势卿家。

■古代供奉珍品

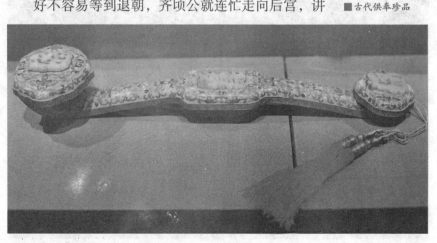

齐顷公 齐惠公之子，在位17年。公元前589年齐顷公率军南下攻鲁国龙邑，宠臣卢蒲被杀，顷公怒而攻至巢丘。公元前589年顷公在马鞍山战大败，差点被俘，幸得大臣逢丑父相救，两人互换衣服，佯命齐顷公到山脚华泉取水，得以逃走。后来齐国国势趋衰。齐顷公变得低调内敛，周济穷人，照顾鳏寡，颇得民心。

给其母萧夫人听。萧夫人一听有这等好玩的事，就要求亲眼观赏一番。齐顷公答应了，并且马上做了一番秘密的安排。他找来了4个具有相同残疾的人，负责为4国使臣驾车。

这事让齐国大臣国佐知道了，连忙进谏说：朝聘是国之大事，必须礼遇使臣，宾主双方都要互相尊重，怎可开这种玩笑！齐顷公执意不听，按原计划择日宴请使臣。

开宴当天，齐顷公先让萧夫人及宫嫔侍女躲在帷帐后面，再让使臣的车辆从前面经过。萧夫人等一看，瞎子拉着瞎子，秃子拉着秃子，不禁大笑起来。

蒙在鼓里的4国使臣听得女人们的尖笑声，仔细一看，才发觉自己受到了戏弄，不觉个个怒火中烧，当下也不辞行，马上动身回国，并且互相约定，定要请兵伐齐，以报此辱。

过了两年，四国联军浩浩荡荡，杀奔齐国。齐顷

■古代朝觐蜡像

■唐代皇帝召见使节塑像

公忙起军马亲自迎战。双方大战一场，齐兵大败，要不是有人和齐顷公换穿衣服冒充国君，齐顷公也就成了俘虏。

惊魂未定的齐顷公刚刚逃回都城临淄，四国联军已尾追而来。慌了手脚的齐顷公忙派国佐带着玉磬等传国之宝出城求和，不仅承认晋的盟主地位，答应今后按期朝见，而且同意归还侵占的鲁、卫两国的土地。同时另行提出了附加条件，以萧夫人为人质，改齐国垄亩为东西向，以便晋军随意在齐晋之间往来。

这下国佐也火了，指责这不合礼数。经国佐据理力争后，收回了无理要求，双方达成和议。齐国玩忽外交礼仪，致使一笑倾城，付出了巨大的损失，由此也可看出正式场合据礼行事的重要性。

秦汉时期，由于分封制的废弛，不再有诸侯国聘于天子之礼；由于天下一统，诸侯互聘的重要性也日渐减弱而不再使用，故后代礼书中多以藩国聘使朝贡以当此礼。

唐代《开元礼》中记载，凡边疆属国或少数民族首领遣使聘唐，朝廷在接待时使用"受藩国使表及币"、"皇帝宴藩国使"等礼。根据这些礼仪，当使者进入京城时，朝廷对之要"束帛迎劳"，表示欢迎慰问之意。

欢迎仪式过后，安排使者到宾馆下榻，并设宴招待，在融洽的气氛中，双方协商确定递交国书的日期。届时，负责礼宾的官员引领使者入宫。使者身穿具有本民族鲜明特色的服装，其随员手捧币、玉等各种贡品，静静地立于殿门之外。

这时鼓乐齐鸣，隆重的宫廷仪仗一队队鱼贯而出，皇帝就座等候使者入殿觐见。按照来聘国家的大小及重要程度，在使者入觐时给予奏乐不奏乐的不同礼遇。

使者站班停当后，由中书侍郎率令史捧案上前，使者递交国书，中书侍郎礼貌而又慎重地将国书置于案内，呈交皇帝。再由礼官上前，收下各类贡物。使者率随行人员跪拜行礼，退出，礼成。

择日，皇帝举行盛大宴筵，招待使者，并赏赐大量礼物。唐廷正是通过这种郑重其事的外交礼仪和礼尚往来的互相馈赠，密切和加强了唐王朝和周边各国、各族的友好关系。

宋代，宋王朝和辽、夏、金、蒙古等先后对峙，双方之间的使者往来十分频繁，其外交礼仪也就进一步得到发展。朝廷设有专职馆伴使，负责陪同各国使节。

有时，使节刚入边关，受命而来的馆伴使已在此迎候，并陪其同

■古代朝觐图

往京城。使者到达京城后，有专门的馆驿负责接待，朝廷还专门派官员前来问候，并责成馆伴使负责安排各国使者的一切活动和生活。

当使者回国时，馆伴使送其至边境。馆伴使的设置，保证了各国使者在华期间始终都受到了极好的礼遇。使者入觐时的礼仪，也制订得十分周到，以辽使入觐为例，宋把接待辽使分成"见日"、"宴日"、"辞日"3种礼仪。

■ 古代朝觐蜡像

见日，是辽使第一次觐见宋帝时举行的仪式。先将辽使携来的礼物陈列在殿下，再由中书官员接受辽主致宋帝的文书，通事官翻译转达辽主对宋帝的问候，宋帝相应问候辽主，并回赠大量礼物。

宴日，是为宴请使臣所举行的仪式。辽使及其随行人员皆应邀参加宋帝举办的盛宴，席间，宾主互致问候，双方敬茶敬酒，十分热闹和隆重。

辞日，是为使者辞行回国所举行的告别仪式。由宋帝亲自主持，为之辞行，并赐予使者银器、衣物等礼物，同时还赠送给辽主大量礼物。最后，是将宋帝致辽主的文书装入精美的书匣，请辽使带回转交。

在整个接待礼仪中，始终贯穿着热情待客、隆重友好的气氛。但是，必须指出的是，宋代制与唐代制是有较大区别的。唐代制对待藩使，虽也热情隆重，

馆驿 驿站上设的旅舍。驿站是古代供传递官府文书和军事情报的人或来往官员途中食宿、换马的场所。我国是世界上最早建立组织传递信息的国家之一。

但始终体现了中华上国对下属藩国的尊严和威风，是以上接下之礼。

而宋代由于与契丹等约为兄弟之国，地位是平等的，故而更多用的是古代诸侯国遣使交聘之礼，而不是天子接待藩国聘使之礼。南宋向金称臣之后，则反过来由南宋向金帝行藩国朝聘之礼了。

由此看来，礼仪制度的变迁，也和各国政治、经济的发展水平和实力对比，有着十分密切的关系。明清时期对四夷藩国用藩国聘使于天子之礼。

但到清代中叶之后，随着西方殖民势力的东来，朝廷对西洋诸国的礼仪被迫不断变更。康熙时期，国势鼎盛，西洋使节觐见皇帝用三跪九叩礼。雍正时期对罗马教皇的特使，破例准其用西方礼仪，皇帝同使者握手为礼。同治年间，载淳规定，英、法、美、俄、日、荷等国使节入觐，不再行跪拜大礼，也不用西方的以三鞠躬见君之礼，而是以五鞠躬觐见清帝。

阅读链接

战国时代，赵王无意间得到了一块宝玉和氏璧，秦昭襄王听说后非常想要据为己有，因此就派人到赵国，对赵王说秦国愿意以15个城与赵国交换这块玉。赵王心里非常舍不得，但是不敢得罪秦王，怕秦王一不高兴，就派兵攻打赵国。为了这件事，赵王伤透了脑筋。

大臣蔺相如知道这件事以后，就自告奋勇带着和氏璧出使秦国。到了秦国后，蔺相如就抱着和氏璧、大声对秦王说："如果大王您不顾信用，想要抢我手上这块宝玉，我就一头撞上皇宫里的柱子，相信宝玉一定会粉碎！"

秦王听了虽然很生气，但怕他真的撞上柱子而摔坏宝玉，因此一点都不敢轻举妄动。后来蔺相如更趁秦王不注意的时候，派人连夜把和氏璧送回去。秦王虽然恼怒，但因为知道自己行事不够光明正大，怕传出去成为笑柄，只好完成相关的礼节，把蔺相如放了，造就了我国宾礼历史上不卑不亢的传奇。

天子与诸侯的会同之礼

公元前538年夏天的时候，诸侯们到达楚国，但是鲁、卫、曹、邾等4国不参加这个盟会。曹国、邾国借口国内不安定，鲁昭公借口要按时祭祖，卫襄公借口有病。郑简公先期到达申地等候。六月丙午日，楚灵王在申地会合各诸侯。

伍举对楚灵王说："我听说诸侯们并没有固定的归属，看谁遵守礼法就归属谁。现在君主你刚刚得到诸侯的归服，盟会要慎重礼法了。霸业成功与否，就在这次盟会了。"

"夏朝的帝王启有钧台会盟时对诸侯的慰劳之礼，商朝的汤王有景亳会盟时的命令诸侯之礼，周朝的武王有盟津会盟的誓

楚灵王画像

师之礼，齐桓公有在召陵出师之礼，晋文公有在践土盟誓之礼。你用其中的哪一种？宋国的向戌、郑国的子产都在这里，他们是诸侯国中熟习礼仪的人啊，你要选择好礼仪。"

楚灵王说："我要用齐桓公召陵的礼仪。"

楚灵王又让人向宋国的向戌和郑国的子产请教礼仪。向戌说："我们小国只是练习这些礼仪，大国是运用这些礼仪，我哪里敢不把听说的献出来呢？"提供了受封为公者集合诸侯的6种礼法。

子产说："小国是供奉职务的，还敢不献出自己所掌握的礼仪？"献出伯、子、男进见公的礼仪6种。君子认为他们所献的礼仪正好合在一起，向戌能善守先代礼仪，子产善于辅佐小国。

在盟会时，楚灵王让伍举在他的身后侍奉来纠正他在礼仪方面的过失，到盟会结束后伍举也没有纠正他。楚灵王问什么原因，伍举回答说："向戌、子产

■古代会同之礼

■古代会同之礼

所献的礼仪，我所没有见过的就有六种，又用什么来纠正你呢？"

可见，礼已经成为人们行动中具有重要作用的一种约束力。其实，朝觐和朝聘之礼，在周代特指周天子接待一方一服的诸侯、使者时所用的礼仪，但若四方六服的诸侯同来朝觐，则有会同之礼。

周代的会同典礼，在都门四郊的坛宫室举行，其方位依季节的变换而变换，春会同在东，夏会同在南，秋会同在西，冬会同在北。在举行会同典礼前，先祭告社稷、宗庙、山川诸神。会同时由于诸侯众多，各人的位置次序都要预先排列好。会同之日，各诸侯国派代表持本国旗帜站好位置，天子登坛，诸侯入列，立于自己的旗下。

所有人站位妥当后，天子走下坛来，面南而立，对天下诸侯三揖为礼。这三揖又有名堂，对和自己无亲戚关系的庶姓诸侯行拱手向下推的"土揖"礼，对异姓诸侯行拱手平推的"时揖"礼，对同姓诸侯则行拱手向上推的"天揖"礼。

三揖之后，天子回到坛上，令傧者传话，命诸侯分别上坛，奠玉享币行礼。享献之后，天子乘龙马之车，载太常之旗，率诸侯于东门之外拜祭日神，祭祀明神。此时通常举行盟誓之仪，以进一步巩固和

■古代宫廷中的会
同宴席

诸侯 是古代中央
政权所分封的各
国国君的统称。
周代分公、侯、
伯、子、男五
等，汉朝分王、
侯二等。周制，
诸侯名义上需服
从王室的政令，
向王室朝贡、述
职、服役，以及
出兵勤王等。汉
时诸侯国由皇帝
派相或长史治
理，王、侯仅食
赋税。

加强天子与各路诸侯之间的联系。

此外，参加会同的天子、诸侯还要祭祀天地、日月、山川诸神。祭天行燔柴之礼，祭地行瘗埋之礼，祭山行"升"礼，即将祭品置于山顶，祭川行"沈"礼，即将祭品沉入水中。

会同典礼结束后，天子宴飨各路诸侯，并给予赏赐。这种会同之礼，突出了周天子为天下共主的独尊地位，明确了周天子与各路诸侯间的尊卑上下关系，巩固了周王室对天下的统治。

春秋时期，周王室日渐衰微，而各地诸侯日益强大，这种力量对比的转换，使得周王室无法再行会同之礼，而一些诸侯大国为实现称霸天下的野心，往往借会同之礼而"挟天子以令诸侯"，不仅令中小诸侯与会，而且令周天子与会，来承认大国的霸主地位。

会同时要举行盟誓之仪。通过盟誓，大国借以扩大自己的势力范围，确立霸主的地位，中小国家则借以保全自己的利益，使国祚能延续下去。由此盟誓便日趋盛行，并与会同一词组合成了新的专门名词，称为"会盟"、"同盟"。

盟会中的主持者便是盟主。而与会各国一旦结盟之后，就有了权利和义务约束，结盟各方要守望相助，互相支援，盟主有义务要保护同盟中的中小国家不受侵犯，而享有接受盟国朝贡、进奉，征调其军队、劳役等的权利；各盟国则要听从盟主的号令，接受其指挥，与其步调一致，同进同退。

在春秋时期诸侯争霸、各国混战的形势下，结盟基本上都是军事联盟的性质，各国武力的强弱决定了各国在联盟中的地位，盟主一职必然是被最具实力的大国所占据，而一旦取得盟主的地位，实际上也就取得了霸主的地位。

故而，争做盟主既是争取霸主地位的最佳捷径，又是是否已为霸主的标志。正是由于盟主一职的重要性，春秋时期各国争为盟主以建霸业的情况屡见不鲜。

如春秋时期首霸齐桓公，史书上称其"九合诸侯，一匡天下"，一匡天下的前提是九合诸侯，即9次召集诸侯会盟，并承担了盟主一职，由此才建立了齐国的霸业。

■ 齐桓公（前716年—前643年），姜姓，吕氏，名小白，春秋时代齐国第十五位国君。在位时期任用管仲为相，推行改革，选贤任能，加强武备，发展生产。与楚在召陵会盟，是历史上第一个充当盟主的诸侯。又安定周朝王室内乱，多次会盟诸侯，成为中原霸主。

■古代会盟塑像

古代礼制与礼仪文化

再如春秋时期互为敌手、长期争霸的晋、楚两国，在连年征战之后，都深感疲惫，而处于其间的许多中小国家也因战争弄得国破民穷，大家都有停战修好之意。在宋国大夫向戌的奔走调停之下，晋楚双方同意罢兵，于是召开了有14个国家参加的弭兵会议。会前，由于楚国在与晋国争战中多处下风，害怕会盟时当不上盟主，为晋国所制，乃密谋抢占盟主之位。

就在举行盟礼的那天，赴盟的楚国人暗中裹甲持械，抢先歃血为盟，晋国人未做准备，阻挡不及，只得让楚国人主盟。通过这一阴谋，楚国人获得了在战场上未能获得的东西，其地位得以和实力比己强的晋国人平起平坐，赢得了和晋国人平分秋色、共为霸主的结果。

会盟时举行的典礼称为盟礼。盟礼的最主要内容是祭神，告知神明结盟的参加者和结盟的内容，并请求神明监督与盟各方言行一致，信守盟约。

盟礼的仪式是这样的：先在会盟的所在用土筑一高台，会盟就在台上进行；再在地上挖一方坑，同时准备好祭神立盟所用的盟牲，盟牲杂用六牲，但天子诸侯等主要用牛；盟礼开始时先杀牲牛于方坑上，割下牲牛左耳，置于珠盘中，由盟主捧着，称为"执牛耳"；又取玉敦盛牛血，以其血在玉片、竹片或帛上书写盟书。

这时，与盟诸侯皆立于台上，由司盟高声宣读盟书，昭告神明；接着端上盛有牛血的玉敦，先由盟主饮血，其余与盟诸侯依照一定的次序一一饮血，以示坚守盟约矢志不渝之意，这称为"歃血"。

歃血的方式又有另外两种，一是口含牲畜之血；二是用手指蘸血涂抹在嘴上，歃血是会盟中最重要也是普遍应用的仪式，一直流传至后世，故而有"歃血为盟"的说法；歃血之后，与盟诸侯在盟主带领下对神盟誓，经神明鉴证之后，盟书就成为与盟各方必须遵守的共同准则。盟誓之后，将一份盟书与宰杀的牲牛一道埋入方坑中，与盟各方也各取一本事先抄好的盟书，以便日后检阅查验。

到此，盟会宣告结束。誓，是通过口头语言为信约，它在先秦时和盟是有所区别的，它不像结盟那样，要举行杀牲、歃血的仪式，也不像结盟那样，起码要两方参与，誓既可数方共同信约为誓，也可个人单独立誓。

■古代歃血为盟的场景

但誓和盟又是有联系的，结盟必要发誓，而且盟誓的对象都为神明，因此人们也常将盟誓连用。特别是至先秦时期，盟誓的界限基本混淆，盟誓的礼仪实际已合二为一了。

春秋初期，郑国国君庄公在位，其母姜氏宠爱小儿子共叔段而厌恶庄公，千方百计想让共叔段取代庄公。庄公在平定了共叔段的内乱后，就将姜氏安置到别地，并发誓不到黄泉，不与姜氏相见。

过了一段时间后，庄公后悔了，很想见母一面，但又恪于誓言，难以如愿。后来有个臣子出了个主意，建议庄公掘地到黄泉，再在隧道中与母见面。这个主意使庄公既不违誓，又解开心结，加以采纳。

黄泉相见之后，母子两人从此和睦相处。这个故事说明了古人重视誓言而又绝不食言的良好道德风尚。

先秦时期，盟誓之礼在民间使用得极为广泛。人们在要表明自己的决心时，常常跪在地上，朝天立誓。后来人们在缔结盟约时，也常常杀鸡滴血，取血酒而饮，表示从此之后有难同当，有福同享。这一切都是古代盟誓之礼的遗风。

阅读链接

盟誓连用的情况可从下列一则事例中得到证明。公元前年，齐鲁两国在柯地会盟。齐桓公和鲁庄公正在坛上行盟礼时，鲁将曹沫手持匕首，抢上前去，劫持了齐桓公，逼齐桓公向天发誓，归还齐所侵占的鲁国失地。如愿之后，曹沫下坛，归就群臣之位。齐桓公一见威胁已去，就想翻脸毁约，齐相管仲忙加阻止，其理由就是不可背誓失信。齐桓公为了不负上失信于神明、下失信于天下的罪名，只好将土地还给了鲁国。

由此看出，誓和盟一样，都是向神立誓，这在重神信神的先秦时期，无疑是具有强大约束力的。一个人一旦立誓，其誓言就成为他一生都要严格遵守的信约，不允许有丝毫的违背。

士族的礼仪行为规范

在周代，士是统治阶级中最低一个的层次，也是人数最多的一个主要阶层，它联结着整个社会中的上下两大阶层，故而周代便以士阶层为基础，制订了一系列的礼仪，来规范他们的行为，这便是士相见礼。先秦时期人与人相见的礼节主要有跪拜礼和揖礼。据《周礼》记

■行跪拜之礼的陶俑

甲胄 作为将士的防护性兵器,在冷兵器时代充当着极其重要的角色,类似于现代战争中的防弹服,可以较大程度地保护将士身体免遭敌方进攻性兵器的重创,进而能够增强战斗力并给敌方以更猛烈地打击。

载,拜礼有几种:

> 一曰稽首,二曰顿首,三曰空首,四曰振动,五曰吉拜,六曰凶拜,七曰奇拜,八曰褒拜,九曰肃拜。

在这些拜礼中,以稽首、顿首、空首、肃拜最为重要。稽首是最隆重的拜礼,是臣拜君之礼,其动作是屈膝而跪,两手相叠拱地,头慢慢俯及于地,停留片刻后起身。

顿首用于地位相等者之间,其行礼形式与稽首同,但头顿地即起,故称"顿首"。空首是君对臣的回礼,其行礼形式也与稽首同,但头不及地,触手后即起,故又称为"拜手"。肃拜是拜礼中最轻的一种,其拜仪是屈膝跪地,头微俯,手举而下,使用者一是将士,因其身披甲胄,不便拜倒,二是妇女。

■"揖礼"塑像

揖礼比拜礼轻,多用于宾主相见之时。揖就是抱手为礼,对没有亲属关系的庶姓用"土揖"礼,推手时稍稍向下;对有婚姻关系的异姓,用"时揖"礼,平平推手;对同姓则用"天揖"礼,推手时稍稍向上;对于地位尊贵者,则用"长揖"礼,即两手合抱高举,自上而向下移。

唐宋时,古人居处方式有了很大改

变，由于桌椅等家具的日趋普及，人们不再席地而坐，因而行跪拜礼比较麻烦，致使跪拜礼中的区别日趋模糊，于是稽首、顿首等混淆了；也使得跪拜礼的行使范围有了局限，主要用于对君父等尊长行礼，而其余则多用揖礼了。

■古代叩拜之礼

跪拜礼在后来有所变化，如清代觐见皇帝，行的是"三跪九叩礼"：先将马蹄袖放下，然后双膝跪地，挺直上身，右手伸平举至鬓角处，手心向前，放下，再举起，再放下，如此3次，即为一跪；反复动作3次，即为三跪九叩。

此外，又有"碰响头"，即叩头至地，并要叩碰出"咚咚"的响声，这大多用于请罪等特定场合。随着时代的不断进步，繁复难行的古礼已很难适应人际交往日趋频繁的现实需要，因而日益趋向于简化。

除易于行用的揖礼外，宋辽时期，请安和万福礼逐步盛行起来。请安礼用于下对上、幼对长的礼节，男子屈右膝半跪，口称请安，女子双手扶左膝，右膝微屈，往下蹲身。万福，站立拢手，略提长襟，隋唐时期称"敛衽拜"，后因妇女行此礼时口称万福，即随而称之为"万福"。

元代以后，敛衽万福为妇女专用之礼。后来，随

请安 明清时期"请安"为问安礼节的一种，源于明代军礼，后衍化为日常礼节，男女行礼方式有所不同。后来，"请安"意为"问安"。与之相关的跪安是宫廷、五公府和宗室家庭的礼节，用于特定场合，有严格的规范和要求。

着西方礼仪的传入，鞠躬、握手等又逐步取代过去了的揖、请安和万福等礼。依照礼经规定，古人相见时要携带礼物，以表示敬意，称为"执挚"。

士人与人相交，也应当有此信义。其他各阶层之人也各有其挚。天子以鬯一种酒为挚，诸侯以玉为挚，卿以羔为挚，大夫以雁为挚，庶人以鹜为挚，工商之人以鸡为挚。后代的送礼之风，即渊源于此。

士与士初次相见，主人要辞谢，表示才德浅薄不足以辱大驾之意。经来宾一再恳请后，主人方才敢见。主人迎出大门，与来宾互行拜礼，然后主人三揖，请来宾自左入门，自己则自右入门。来至庭中，宾客奉上礼物，主人要3次辞谢，然后方才受挚。受挚后主人请求回访，到期将来宾带来的挚还回。

士相见所谈的内容，在礼经中也有严格的规定。与君主谈话，要谈君使臣之礼。与卿大夫谈话，要谈臣事君之道；与老人谈话，要谈弟子之礼，与幼者谈话，要谈孝悌于父兄之道等。

言谈时的表情与态度也很重要，要求内容整肃，坐姿端正，十分认真而专心地谈话。谈话开始时要察言观色，判断是否可以开始言谈；开始讲话后要将视线下移到对方的衣领处，不可一直盯着对方的

■古代请安图

■ 古代官员谈话的礼仪

脸看；讲完之后要抬目观察对方，看其是否赞同自己的看法；在不讲话时也要专心，不能懈怠，特别要注意自己的视线，站着时看脚，坐着时视膝，千万不可目光游移不定。否则，就是对对方的不敬。

在相谈一段时间后，来宾要随时注意对方是否有疲倦表示，诸如哈欠伸腰、变换姿势以及问讯时间早晚等，这些动作表示主人已有逐客之意，来客就应该马上知趣起身告退。来宾退出时，主人要相送到门。

相送时还有"三辞"之仪：一辞而许送，称为"礼辞"；再辞而许送，称为"固辞"；三辞而不许送，称为"终辞"。终辞之后，相见之仪方告结束。

从礼经中的士相见礼看，是很强调双方间的尊敬和礼貌的，对后代的相见礼都有很大的影响。直至宋代，才在礼典中出现了相见礼的内容，其后直至明清时期，皆有此礼。此时的相见礼，主要是根据封建官员的品级高下，确定其相见时所应执的礼仪，以及官

品级 即官品。区分官员地位高低的等级。魏晋时期分官员等级为九品，自一品至九品。北魏时期每品各分正、从，共18品，四品以下各品又各分上、下阶，共30阶。唐宋时期文职同北魏，武职三品起分上、下阶。元明清时期文武官皆分九品，各有正、从而无上、下阶之分。

■古代相送的礼仪

员与庶人之间、庶人与庶人之间，根据其地位尊卑以及年辈高低，在相见时所应执的礼仪。如宋代规定，下级官员在路上遇见上级，必须"敛马侧立"，候其通过或分路引避。又如明代规定，学生见老师，若是相别时间已久，必须四拜行礼，若是近别，则行揖礼。

与此同时，这套相见礼中也继承和保留了先秦重礼节、讲礼教传统。如清代规定：士庶相见之礼，主人出迎来宾，主客相揖而入，登堂再行拜礼。饮茶叙谈之后，客人告退，主人送至大门外，宾主相揖而别。这套礼仪，与先秦时期士相见礼，差别并不大，这也说明了中华民族以礼待客，互相尊重的优良传统源远流长，而且从未间断。

阅读链接

在古代，诸侯之间订立盟约时，必须举行一种"歃血为盟"的仪式，就是赴会的诸侯都要喝口牛血以表诚意。

这种"歃血为盟"的仪式是很隆重的，具体的结盟程序是：此次结盟的次盟者先将一头活牛的牛耳割下来，取血，盛于敦中，由次盟者执盘和敦，主盟者莅之，尝一口牛血，与盟者于是相继歃血，表示彼此之间有天地神灵为鉴，要坚守盟约，倘若有违约者，必将遭受神灵的惩罚，最终将像牛一样死亡。

五礼之嘉礼

嘉礼是古代的五礼之一，嘉礼是饮宴婚冠、节庆活动方面的礼节仪式。嘉，美、善的意思。后代的帝王登极、太后垂帘、帝王圣诞、立储册封、帝王巡狩等，也属嘉礼。

嘉礼是和合人际关系、沟通、联络感情的礼仪。其主要内容有：一曰饮食，二曰冠婚，三曰宾射，四曰飨燕，五曰脤膰，六曰庆贺。

嘉礼的用意在亲和万民，其中饮食礼用以敦睦宗族兄弟，婚冠礼用以对成年男女表示祝贺，宾射礼用以亲近故旧朋友，飨燕礼用以亲近四方宾客，脤膰礼用以亲兄弟之国，庆贺之礼则用在国有福事时。

成人和婚姻的冠婚之礼

　　原始社会时期，在昆仑山地区有一个凶恶的怪兽，叫作凿齿，经常出来为害附近的百姓，百姓苦不堪言。后羿知道这件事情之后，就拿着弓矢，经过九九八十一个回合，终于打败了凿齿，还给当地百姓一个幸福安乐的生活。此后，当地的人们就将"凿齿"作为英勇和威武的象征，以敲折、拔除、锯平、毁损等方式弄去自己的牙齿为美观。

　　当自己的孩子长成的时候，父母为了寄托自己希望孩子日后英勇无畏的愿望，

古代儿童玩耍图

就对称地拔除和毁掉中间或两侧上牙门齿或犬齿，而且凿齿之后孩子就获得了成丁及成婚的资格，成为从少年变成成人，迈向社会和参与族中事物的标志，这时不仅社会地位可以提升，他们的身份也会得到重新认定。

■ 古代的冠礼仪式

后来，人们越来越重视对于步入成年的转变，并在典章制度中详细规定了青少年举行成人礼的时间和礼仪规范。

所谓不行冠礼难"成人"，古代的成年礼本意是为了禁止与未成年的异性通婚，也可以说是对成年人婚姻资格的一种道德审查。冠礼作为成人之礼，是人生礼仪的重要组成部分之一。

冠礼，是给进入成年人行列的男子加冠的礼仪。古代贵族男子20岁而冠，即满了20岁就要举行冠礼，其地点在宗庙，以示郑重其事。

典章制度 一个国家的朝廷在一定时期内行为规范的基本准则。从很早开始，历代统治者就十分重视典章制度的建设。《史记》中的"书"和后来各朝正史中的"志"、"录"就留下了丰富的有关典制的记载。

主持冠礼的人是受冠者的父亲或长兄，他们要事先"筮日筮宾"，即以卜筮来确定行冠礼的吉日和负责加冠的来宾。从这些情况都可以看出，古人对冠礼非常重视。古人认为，成年之前的人可以不承担重大的社会责任，而一旦进入成年社会，就既享有成人的权利，也要对社会履行应尽的义务，负有继承父业、治国安邦的重大职责。所以在成年时对其进行成年教育是非常重要的，要让他们从成年时就懂得成人社会的游戏规则，日后才能承担起使社会发展的任务。

根据《礼记》的记载，成人教育的内容主要在于4个方面：

为人子、为人弟、为人臣、为人少者。

古代礼制与礼仪文化

通过这些方面的礼仪教育，使之具有"孝、悌、忠、顺"的完美品德。因此，在冠礼举行的时间、地点和来宾选择上都十分慎重。

在举行冠礼的这一天，主持冠礼者在宗庙阼阶堂前东阶偏北的位

■古代冠礼图

置安排受冠之席。之所以选择阼阶，因为阼阶是主人接待宾客之位，意味着受冠者从此可以代父接待宾客了。冠者从东房出而就席，由辅助加冠的来宾为其梳头、挽髻、著束发用的黑帛，做加冠前的准备。

　　然后，由事先择定的贵宾庄重地为受冠者加冠。加冠仪式为"三加"，每一加皆有其独特的寓意。

　　第一加为缁布冠，这是用黑麻布做成的帽子，传说这是太古之冠，以此表示不能忘本之意；第二加为皮弁冠，这是用白鹿皮制成的帽子，表示从此要服兵役；第三加为爵弁冠，这是用红中带黑的细麻布或丝帛做成的前小后大，其形如爵的帽子，表示从此可以参加祭祀活动。

　　"三加"之仪行于士人的冠礼，如是诸侯的冠礼，则要"四加"，即在三加之后还要加玄冕，这是一种外黑里红的礼帽，供诸侯祭祀四方百物之用。

　　天子的冠礼为"五加"，即在前面四加的基础上，再加衮冕。衮冕是天子祭祀先王时所用。衮冕与玄冕形制、颜色相差不大，其顶上都有一块前圆后方

玄冕 与中单、玄衣、纁裳配套，衣不加章饰，裳绣黼一章花纹。天子祭群小祀的冕服，大夫助祭服玄冕。冕是古代帝王及地位在大夫以上的官员们戴的礼帽，后专指帝王的皇冠冕冠。

的冕板，只是在冕冠前后垂挂的玉串，当时称为旒，其数量不同，玄冕前后各三旒，衰冕前后十二旒。

加冠完毕，参与冠礼的人要向加冠者敬酒祝贺。然后加冠者从西阶下，去拜见母亲。再回到西阶以东，为其加冠的贵宾给他授字。字是表字，是根据名的字义另取的别名。命字之时，宾、主、冠者都站在堂下阶前，由宾致辞：

> 礼仪既备，令月吉日。昭告尔字，爰字孔嘉。髦士攸宜，宜之于假。永受保之，曰伯某甫仲叔季。唯其所当。

《仪礼·士冠礼》命字之后，名只用于自称，除君王、父祖外，其余人等都不能直呼其名，因其已经成人，已具有为人父的资格，故都要改称其字，以示敬重。

命字之后，主人向宾客敬酒，赠送礼物，表示感谢。加冠者则换上黑色的礼帽礼服，带上礼品，拜见兄弟姐妹，还要出外拜见君、

古代礼制与礼仪文化

■冕冠

卿、大夫等。这些冠礼的礼仪程序，是周代的规定。以后历代都沿袭这一模式，只是其程序逐步趋向简化而已。汉代皇帝的冠礼称为"加元服"，一般于正月甲子或丙子吉日举行。

皇帝加冠共为四加，缁布冠东汉改为进贤冠、爵弁、武弁、通天冠。士庶冠礼趋于简化，只行一加之礼。魏晋时皇帝冠礼用一加，皇太子再加，王公、世子三加。举行冠礼时，开始使用音乐伴奏。后齐皇帝行冠礼，又增加了祭圜丘、方泽、宗庙之制。这些新的内容也为后世沿用。

■ 汉代皇帝的冠冕和服饰

唐代皇帝冠礼加一冕，皇太子、亲王等加缁布冠、远游冠、衮冕，为三加。

明代皇帝仍沿一加之制，皇太子则三加，其冠为翼善冠、冕旒。庶人冠礼，沿用宋代司马光在《书仪》中记载的冠仪：初加巾，次加帽，三加幞头。

清代满人习俗与中原不同，故也没有冠礼。

笄礼男子20岁而冠，女子15岁而笄。笄礼是女子的成年礼，举行过笄礼的女子，意味着从此之后就可以谈婚论嫁了。笄礼的形式，主要是结发加簪并取字，其礼仪程序大体取则于冠礼。主持笄礼的是女性家长，为女子结发加簪的也是女性贵宾。

结发，就是改变幼年时代的发式，将头发梳成发

甲子 为干支之一，顺序为第一个。前一位是癸亥，后一位是乙丑。我国传统纪年农历的干支纪年中一个循环的第一年称"甲子年"。自当年正月初一起至次年除夕止的岁次内均为"甲子年"。论阴阳五行，天干之甲属阳之木，地支之子属阳之水，是水生木相生。

篝花髻　　　　戴步摇高髻　　　　螺髻

《宋史》《二十四史》之一，元代末期由丞相脱脱和阿鲁图先后主持修撰，《宋史》与《辽史》、《金史》同时修撰。《宋史》全书有本纪47卷，志162卷，表32卷，列传255卷，共计496卷，约500万字，是篇幅最庞大的一部官修史书。

髻，盘在头顶，再用笄插定发髻。笄后还要为之取字，表示其业已成人，可以嫁为人妇，养儿育女了。笄礼后代仍然沿用。

《宋史》中曾详细记载了宋代公主的笄礼。笄礼用三加之仪，始为公主加冠笄，再加冠朵，三加九四凤冠。加笄之时，皇帝亲临。待取字之后，公主拜见父皇。接下来，笄者还要拜见皇后、妃嫔等，并接受她们的祝贺。明代以后，笄礼废而不用，但民间依然保留了笄礼的一些遗风，如女子出嫁，要改变婚前发式，将头发挽束成髻，以示与未婚女子的区别。

婚礼在我国的传统文化中，把夫妇看成为"人伦之始"。大千世界、万象人生皆以夫妇之礼为其始点，故而对婚姻之事的重视自然也就是情理中事了。

古人对婚姻的高度重视，使得古代婚礼的礼仪十分隆重而烦琐。周代的婚礼，根据礼经的规定，分为六大程序：纳采，即男方请媒人到女家提亲，并以雁作为礼物，赠送女家。问名在女家同意后，男方再遣媒人执雁到女家，询问女子之名及其排行，出生时辰等，女家要设宴款待。

问名的目的是通过占卜的方式，来测定男女是否相配，联姻是吉是凶。纳吉若占卜获得吉兆，男方派人带着雁到女家报喜，正式确定婚约，即是订婚。

纳征订婚之后，男方要给女方送上聘礼，包括玄束帛，也就是黑三红二的5匹帛和俪皮，也就是成对的鹿皮，以此象征阳奇阴偶、配偶成双的意思。请男方用占卜确定下成婚的吉日后，请媒人带着大雁到女家通告，征求女方同意。亲迎婚期当日，新郎乘车，于深夜出发前往女家迎娶新娘。装扮好的新娘立于房中，新娘的父亲则于门外迎接新郎入室。

新郎以雁为礼，送呈女家，行礼之后退出女家，新娘随行。新郎亲自驾车，请新娘上车，然后新郎将车交于驾车人，自己先行乘车赶回家中，在家门外迎候新娘。新娘驾到，新郎将其迎入家中。

家中已摆好宴席，新郎新娘行"同牢"、"合卺"等礼。同牢，就是新郎新娘共吃祭祀后的同一肉食，象征夫妇自此以后尊卑相同。合卺，即新郎新娘手持用同一只匏瓜分成的两个瓢，一人一只，用来盛酒漱口。

合卺后要将瓜瓢还原为一，象征着夫妇俩从此合二为一，相伴到老。宴后，脱去礼服，新郎新娘进入新房，新郎要为新娘解缨。解缨后撤去烛火，婚礼告成。

第二天早晨，新妇谒见舅姑，即公婆，以枣栗献于舅，以干肉献于姑，并请舅姑进食，表示新妇从此成为家庭中的正式一员。

在这六礼中，除纳征外，其余

■古代雕花聘礼杠箱

5项皆少不了以雁为礼。这并非古人草率为之，而是大有深意的。古人认为男为阳，女属阴，妇从夫，亦即阴随阳，以雁为礼，就有了男女之间阴阳和顺的意思。故以雁为礼又象征着忠贞的爱情。

唐宋时期是古代婚礼有较大变化的时期，其变化一是删减合并了一些礼仪，如宋代规定，将问名并于纳采、请期并于纳征，只保留了纳采、纳吉、纳征、亲迎4个程序。还对某些旧礼进行了变通，并增加了不少新内容，从而使整个婚礼显得更为热闹。

宋代城市商品经济比较发达，商品价值观念深深地渗入了婚礼之中。在议婚时，出现了相媳妇和通资财的做法。相媳妇就是相亲，由男方家长约定一个日期，带子弟与女家会于酒楼等地，如果男方中意，就在女子发髻上插上金钗，称为"插钗"，如不中意，则送上彩缎两匹，表示婚事不谐，称为"压惊"。

通资财就是在通婚书上除写明男女名字、生辰外，还要写明家中财产状况，嫁娶论财表现得十分明显。在亲迎之前，男方要送些冠帔、花粉之类"催妆"，女家要用帐幔、被褥之类装点新房，称为"铺房"。

古代婚礼

迎亲时，新郎领着花车或花轿来到女家，花轿迎亲由此开始。新娘上车或轿后，还有讨吉利钱要喜酒吃的习俗。来到男家门前，新娘下来，有"撒谷豆"以求吉利的做法。新娘入室后又有"拜堂"的活动。

新人牵巾先拜天地、祖先，然后进入洞房，夫妻交拜。交拜后新人坐床，行"撒帐"、"合髻"之仪。

合髻之后，行同牢、合
卺之礼。合卺，宋代时为传
饮交杯酒取代。交杯酒，用
两只酒杯，杯足或盏底用红
绿丝线连接，并绾为同心结
式样，由一对新人交互传杯
共饮。喝完后，将酒杯掷于

■古代婚礼蜡像

地上，若呈一仰一合状，就是大吉，因为象征阴阳和顺，婚姻美满。

在新人入洞房直至灭烛这一段时间里，新人特别是新娘的日子是
不好过的，前来贺喜的宾客不分老幼，都可以尽情地恶作剧，想尽方
法刁难新人，称为"弄妇"，这就是后世"闹房"之俗的前身。

第二天早晨，新婚夫妇拜过公婆，婚礼才告结束，而新郎新娘也
就从此正式开始了他们的共同生活。

阅读链接

在盘古开天辟地之后，人皇氏成为最早的帝王之一，也是
从人皇氏开始，规定了夫妇之道。至伏羲氏时代，原始的畜牧
业迅速发展，九州大地和睦相处，一片太平景象，但是最让伏
羲伤脑筋的是在当时出生的婴儿中，经常会有畸形的怪异现象
出现。

后来经过长时间的观察，伏羲惊讶地发现，这与当时存在
的男女群婚、乱婚现象有关。为了避免这种现象发生，提升族
人的生存力量，伏羲在华夏九州开始了"制嫁娶"，实行男女
对偶的制度。他先定姓氏，以防止乱婚和近婚，实现了中华民
族从愚昧走向文明的跨越。同时也是从伏羲氏开始，有了嫁娶
"以俪皮为礼"的风俗，使得嫁娶成为一件重大而有意义的事
情。至后世，嫁娶的制度进一步发展，形成了六礼。

饮宴群臣的隆重飨燕之礼

　　周代，人与人之间的交往也有很多礼仪的规定，常常要以酒食饮宴群臣，同时也要遵守一定的礼制仪规，在宾客来到时，主人要出门迎接，并要让宾客先进大门。这个时候，主人家里面会钟磬齐鸣，欢迎客人的光临。宾主一路行来，至堂前台阶的时候，主人要停步，邀客人先登客人三让而后升。进入屋门，主人再拱手施礼，请宾客先

■迎宾宴饮的画像砖

进。进屋之后，钟磬停奏。宾主落座，主客之间相互敬酒，音乐又起，直至酒饮完为止。送客时，以《雍》为歌，宾主双方依依惜别。

■ 迎宾壁画

这就是古代的飨燕之礼。其实，飨和燕是两种不同的礼节。其宴客对象、礼遇等级及其所要达到的目的等，都有较为明显的区别。

飨礼，主要用于天子宴请诸侯，或诸侯之间相互的宴请，大多是在太庙里举行。在飨礼中，招待客人的酒肉等食品也有一定的礼规。酒有一定数量的限制，防止酒醉乱性，宾主失欢。《诗经·豳风·七月》记载：

朋酒斯飨，曰杀羔羊，
跻彼公堂，称彼兕觥，
万寿无疆！

豳风 《诗经》十五国风之一。"豳"同"邠"，古都邑名，在今陕西省彬县。它是相对于"王畿"，周王朝直接统治地区而言的。它是带有地方色彩的音乐，豳风共有诗7篇，其中多描写农家生活、辛勤力作的情景，是古代最早的田园诗。

意思就是用两壶酒和羔羊款待客人，宾主登上堂屋，举起像犀牛状的一种酒器，祝愿万寿无疆。这首诗清楚地说明了飨礼中对饮酒数量的限制。肉食用太

《小雅》为《诗经》的一部分，共有74篇。《小雅》中一部分诗歌与《国风》类似，其中最突出的，是关于战争和劳役的作品。这些诗歌大都从普通士兵的角度来表现他们的遭遇和想法，着重歌唱对于战争的厌倦和对于家乡的思念，读来倍感亲切。

牢牺牲，主要是用牛牲，而且也不把牛切成小块，宾主分食，而是"半解其体"，即是先将牛牲分作两半，留下中间的脊背，再将两半各分作三大部分，安置在客人案前。

飨礼中的酒和肉很多时候是装样子的，宾主并不实际食用，大家站立着，按尊卑次序，进献几遍就结束了。飨礼举行的地点及其进献仪式，决定了飨礼的场面是很严肃拘谨的。

虽然其规模宏大，但其主要目的并不在于吃喝，而是在于联络天子诸侯相互之间的感情，在于相互之间的礼仪往来。

燕与飨不一样，燕即宴，它是古代君臣宴饮之礼。举行燕礼的地点在寝宫，宾主烹狗而食，酒菜上都没有限制，可以开怀畅饮，一醉方休。《诗经·小雅·宾之初筵》中描述了一场贵族宴会的情景。

在宴会刚开始时，宾主互谦互让，仪表端庄，觥

■古代盛宴图

筹交错，气氛热烈；酒过三巡，宾主半醉，忘形失态，嬉皮笑脸。宴会要结束的时候，喝醉的客人大叫大闹，唱歌跳舞，摔杯砸碟，把一场好好的宴会弄得乱七八糟。

虽然燕礼重点在于吃喝，但也并非无礼可言。首先要按宾客的尊卑，确定座次。古代以西北之位为最尊，主宾坐之，西南之位次之，介宾坐之，然后依次是北、南之位，东则是主人之位。主人敬酒也是先敬主宾，次介宾，再次群宾，次序是不可以弄乱的。

饭菜的摆放次序也按方位排列成一个方形：带骨的肉称为在左，无骨的肉块称为在右，左边是饭，右边是羹，酒和饮料放在羹的右边，酱醋调料放在最里边，肉丝、烤肉、蒸葱等放在最外边。

开宴之前，要先把手洗干净，不得在席上搓手去污。若主人亲自上菜，宾客要拜而后食，非主人亲自上菜，方可不拜而食。若客人地位低于主人，要起身谦让，端饭到堂下去吃，主人要加以拦阻，然后宾主重新落座。

吃饭时不可大口喝汤，嘴中不能发出咀嚼声响，不要把吃过的菜放回盘里，不要把骨头扔给狗吃，不要拨弄牙齿等。若有这些行为，就是失礼，就是对主人的不敬。在这些饮食礼仪中，包含有不少科学合理的因素。

飨与燕都是饮食之礼，后代逐步将之不加区分，经常合为飨宴之礼。但在历代皇帝举行的筵宴上，还保存了一点古礼遗风。汉魏时期以元旦朝会为大宴，晋代加冬至小会，唐代加皇帝诞辰朝贺之会，明代加大祀天地后次日宴会并为大宴。

大宴气氛严肃，不许喧闹。另外的节日如立春、上元、寒食、上巳、端午、中秋、重九等，皇帝也常举行宴会，犒劳群臣。

这类宴会称为"节宴"，宋代称为"曲宴"。一般在园林楼阁设宴，气氛较为轻松活泼，犹似周代之燕。无论大宴还是节宴，后代也都袭用了周人音乐伴奏的做法，大多有歌舞助兴。

如明皇宫中，诗仙李白作诗为歌词，贵妃玉环以霓裳羽衣舞技惊四座，梨园子弟吹拉弹唱以捧场助欢，乐得李隆基如坠仙境，不知身在何处，异常热闹。

阅读链接

有时候，飨燕之礼也不一定要在君臣之间。千叟宴最早始于清代康熙，盛于乾隆时期，是清宫中的规模最大，与宴者最多的盛大御宴，在清代共举办过4次。

清帝康熙为显示他治国有方，太平盛世，并表示对老人的关怀与尊敬，因此举办"千叟宴"。在北京，为庆祝活动搭置的彩棚，从西直门一直延伸至畅春园，长达10千米。

礼部特别作出规定："今岁恭遇万寿六旬大庆，非寻常可比"，从三月初一至月终，京官都要穿蟒袍、补褂，打破只穿朝服7天的常例。最引人注目的是：康熙帝布告天下耆老，年65岁以上者，官民不论，均可按时赶到京城参加畅春园的聚宴。

维护宗族关系的乡饮酒礼

西周时期，乡州邻里之间会定期地举办聚会宴饮，并以敬老为中心，用以维护宗族之间的兄弟关系。久而久之就形成了一种礼仪，这种礼仪最终在周代形成了更加系统和全面的宴饮礼仪，这就是乡饮酒礼。乡饮酒礼是周代乡里工作的一个主要内容，它负有许多职能。

宣布政令就是这些职能当中的一个。每年年初，诸侯国中的乡大夫都要到诸侯那里听取政令，回来之后，即在乡饮酒时进行传达，以

■古代饮酒图

■古代敬老尊长"乡饮酒礼"

使百姓周知。选拔贤能也是其中一个重要的内容。在《周礼》中说，每过3年，乡里要进行一次人口调查，选拔贤能之士。

敬老尊长。在举行乡饮酒礼的时候，当众宣扬养老之道，并且，60岁以上的老人坐于席，50岁以下的人则侍立一旁，以示尊卑之道。60岁老人的案上，摆放3只食器，时称为："豆"，70岁者设4豆，80岁者设5豆，90岁者设6豆，以明养老之礼。

在举行"乡射"之礼时也要行乡饮酒礼，以甄拔才艺。卿大夫在款待国中贤者时也行此礼，以明尊贤之意。乡饮酒礼一般在学校中举行，主持行礼的人在校门外迎接来宾，三揖为礼后请宾客入内，宾客由西阶上，主人由东阶上。进入室门之前，宾主双方还要再三谦让，以示礼敬。

入室之后，按长幼尊卑排定的座次坐、站停当，乡饮酒礼就开始了。在敬酒献食的过程中，要饮一种称为"元酒"的酒。元酒，是一种从上古流传下来的粗糙原始的酒，它警示人们不可忘记先人创业之艰辛。又以烹煮好的狗肉祭祀东方，因为东方是阳气所生之处，以此祈求乡里永远繁盛兴旺，并祝福在座的老人健康长寿。

从乡饮酒礼的内容和仪式上看，乡饮酒礼可以说是一种敬贤尊老之礼，尊老重贤传统在古代流传长远。从汉代开始，历代都把乡饮酒礼当成一种推行教化和荐举贤能的重要手段承行不辍，举行的地点依然放在中央地方各级学校之中。

隋唐时期开科取士后，乡饮酒礼的荐贤作用表现得更为突出。《新唐书·选举志》记载，当考生科考结束之后，各级长官要举办乡饮酒礼进行招待：

> 会属僚，设宾主，陈俎豆，讲管弦，牲用少牢，歌用《鹿鸣》之诗。

宋代更明确规定，乡饮酒礼在贡士之月举行。明清时期，随着极端独裁的君主专制政体建立，封建统治者更注重控御人民的思想，故又强化了乡饮酒礼中的教化职化。明代朱元璋时期，朱元璋下令说，每年孟春正月及孟冬十月，朝廷、地方各级衙门于各级学校举行乡饮酒礼，民间则于春秋社祭时行此礼。在礼仪程序中加添了"读律令"的仪节，宣言国家的政策

《新唐书》 是北宋时期宋祁、欧阳修等人编撰的一部记载唐代历史的纪传体断代史书，《二十四史》之一。《新唐书》在体例上第一次写出了《兵志》、《选举志》，系统论述唐代府兵等军事制度和科举制度。这是我国正史体裁史书的一大开创，为以后《宋史》等所沿袭。

■ 古代的"乡饮酒礼"

■古代宴饮塑像

法令。

乡饮酒礼虽然只是一种地方性质的礼仪，但它依旧与其他古代祭嗣等礼仪活动相同，都有着一套严格的管理制度与程序。

首先这种以宴饮为形式的礼仪，要求各府、州、县行政长官代表朝廷亲自到场参加，以表示对宴请宾客的尊重，同时彰显礼仪的隆重；其次被邀请参加乡饮酒礼的宾客均为当地身家清白、齿德具尊的耆老乡绅，其中致仕官员被称为"大宾"，年高有德者被称作"僎宾"，年稍长、有德者被称作"介宾"。一般均统称为乡"饮宾"。

乡饮宾的选择首先由管理地方文教的儒学官员进行考选、推荐，经地方长官进行3代政审等考核批准后逐级上报本省督核准，之后方准许邀请参加乡饮酒礼。

根据道光版《晋宁州志》中的记载，在乡饮酒礼中，主人与大宾象征着天地，僎介则象征着阴阳，三宾又象着征日、月、星三光。这种更高意义的象征，也从另一个侧面反映了乡饮酒礼在当时社会活动中的重要性。

为了表彰乡饮宾在地方的德行义举，除了按照规定颁发给乡饮执照以为凭据外，地方官员们还要赠送牌匾以示荣耀。同时乡饮宾还要由督抚上报朝廷，经礼部奏请皇帝批准，赏给顶戴荣身。最后历届乡饮宾的姓名还会被载入地方史志，名垂青史。

乡饮酒礼于每年的正月十五与十月初一分别举行一次，其地点设在各府、州、县儒学之明伦堂。作为朝廷的宴请活动，当时的制度规定其经费必须由官钱中开支，坚决不允许向民间摊派。

我国古代是一个礼制森严的国家，对于乡饮酒礼，古人也制订了一套严格的礼制程序，对礼仪活动中的人员设置、座次安排与物品陈设都做出了严格、细致的规定。

首先乡饮酒礼中，各地方正印官员要代表朝廷率领僚属做主宴请众宾；职教官员充任司正，主持乡饮酒礼的进行；典史充任执事官，管理由老成生员充任的引赞、读律、司钟、司鼓等诸执事人员。

其次，座次安排严格遵照阴阳五行方位与长幼、尊卑关系进行；各种物品陈设更是有着明确的规定。行礼中，从迎宾、升堂、入席、落座到读律、宴饮、礼毕送客都有着十分详细的程序规定，以保证整个仪式的庄严、隆重。

■古代乡饮酒礼图

■《韩熙载夜宴图》局部

另外，在行乡饮酒礼过程中，除了上述涉及的人员外，还有一个重要的司礼人员，这就是执掌觯案的扬觯官，他负责监督在场每一位人员的一举一动是否按照礼仪规制进行。

不论宾主，如果有人在行礼过程中高声喧哗、坐错位置，或者出现其他违礼行为，扬觯官便会立即给予制止、纠正，同时"依礼、扬觯以罚"。保证了乡饮礼始终能够符合"礼"的规范，有条不紊地进行。

在举行乡饮酒礼的过程中，司正、读律诰生等人员按照礼仪进程不断宣讲各种封建道德与伦理规范。

由于有着上面这些严格的礼仪规范约束，使得数百年来，乡饮酒礼一直没有任何变化与发展，逐步变成了一种形式，以至于后来彻底退出了历史的舞台。

阅读链接

曲水流觞是古代人之间喜闻乐见的一种游戏。夏历的三月人们举行被禊仪式之后，大家坐在河渠两旁，在上流放置酒杯，酒杯顺流而下，停在谁的面前，谁就取杯饮酒。

这种游戏非常古老，逸诗写道："羽觞随波泛"。353年3月初三上巳日，晋代贵族、会稽内史王羲之偕亲朋谢安、孙绰等42人，在兰亭修禊后，举行饮酒赋诗的"曲水流觞"活动，引为千古佳话。这一儒风雅俗，一直留传至今。当时，王羲之等在举行修禊祭祀仪式后，在兰亭清溪两旁席地而坐，将盛了酒的觞放在溪中，由上游浮水徐徐而下，经过弯弯曲曲的溪流，觞在谁的面前打转或停下，谁就得即兴赋诗并饮酒。